Rauchen ist nur ein Irrtum

Peter Bußjäger & Özgen Senol

Rauchen ist nur ein Irrtum

Bibliografische Information der Deutschen Nationalbibliothek:
Die Deutsche Nationalbibliothek verzeichnet diese Publikation
in der Deutschen Nationalbibliografie, detaillierte bibliografische
Daten sind im Internet über http://dnb.dnb.de abrufbar

Impressum:

© Peter Bußjäger und Özgen Senol: Rauchen ist nur ein Irrtum; Augsburg / Feucht, 2. Auflage, Februar 2017

Alle Rechte vorbehalten. Nachdruck und Vervielfältigung, auch auszugsweise, nur mit Genehmigung.
Dieses Buch gibt keine therapeutischen Anweisungen. Obwohl wir bestrebt sind, eine inhaltliche und typografische Richtigkeit zu liefern, können Fehler in Inhalt und Typografie auftreten.

Alle Rechte am Werk liegen bei den Autoren:
Peter Bußjäger, Augsburg und Özgen Senol, Feucht.

Die Rechte an den verwendeten Bildern liegen bei:
Irina Anna Hutzler, Nürnberg.

Obwohl aus Gründen der Lesbarkeit im Text die jeweils männliche Form gewählt wurde,
beziehen sich die Inhalte auf Angehörige aller Geschlechter.

Herstellung und Verlag: BoD – Books on Demand, Norderstedt

ISBN 978-3-7431-0914-8

Inhaltsverzeichnis

Vorwort der Autoren..11

Rauchen aufhören? Niemals! (Oder: Die Sache mit dem rosaroten Elefanten)..15

... oder vielleicht doch?..19
    Damit es auch klappt, wenn Sie es schon anpacken!...............20
    Der Termin für die endgültig allerletzte Zigarette 22
    ... oder die endgültig allerletzte Elektro-Shisha.......................23

Alles ist Ansichtssache..24
    Die inneren Stimmen der Raucher...24
    Was Menschen für normal halten und was nicht.......................27
    Welche Informationen erhalten Sie in diesem Buch?.................28
    Freuen Sie sich auf das Aufhören?...31
    Wann ist der beste Zeitpunkt zum Aufhören?...........................32
    Als Raucher der glücklichere Mensch?...34
    Was fehlt den Nichtrauchern?..35
    Warum hören wir´s nicht einfach auf?..36

Die innere Stimme der Vernunft: SGIB..........................38

Sieben Fragen an Sie..43

Ihre FUMITO-Listen...47
    Liste 1: Gute Gründe, das Rauchen aufzuhören......................48
    Liste 2: Vorteile, die ich genieße, wenn ich nicht mehr rauche...49

WIR BACKEN EINEN RAUCHER ... 52

Vorbilder ... 53
Idole an der Zigarette ... 55
Aller Anfang ist schwer ... 58

Rauchen: Sucht oder Gewohnheit? ... 62

Wenn Rauchen eine Gewohnheit wäre ... 62
Ist Rauchen eine Krankheit? ... 65
Wie wird man drogensüchtig? ... 69
Vom Trip zur Sucht ... 72
Trinken hilft nur dem Trinker, Fixen hilft nur dem Fixer ... 76
Was will der Trinker, was will der Junkie? ... 77

Die schlechte Nachricht ... 80

Die innere Raucherstimme: YACK ... 83

Vier gute Nachrichten ... 85

Pegel, Gier und körperliche Entzugserscheinungen ... 85
Was würde ein Nichtraucher tun? ... 88
Nikotin im Körper und im Geist ... 89
Rauchen ist nur ein Irrtum ... 95

BACKREZEPT FÜR EINEN RAUCHER ... 99

Gute, schlechte und besondere Zigaretten ... 101

GESCHMACKSPROBE ... 105

Berichtigen Sie Ihre Wahrnehmung! ... 109

Die psychologischen Fallen beim Rauchen ... 111

Denkfallen: Falsche Verknüpfungen ... 111
Der Zusammenhang zwischen Rauchen und Stress ... 116
Rauchen und Entspannung ... 121

Rauchen und Genuss.. *121*
Rauchen und Konzentration.. *122*
Rauchen zur Belohnung *122*
… oder als Trost.. *123*
Magisches Universalpulver ?.. *123*

Wie Tabakmarketing funktioniert..**128**

Werbung für das perfekte Produkt.. *129*
Die vier Ziele des Tabakmarketings.. *132*
Hackerangriff... *133*
Die Wahrheit hinter den Werbelügen.. *136*

YACKs Parolen..**138**

Geld zum Verbrennen...**144**

Die Zigarette – Anatomie einer Designerdroge......................**148**

Die Inhaltsstoffe von Zigaretten.. *148*
Das Gift in der Glut... *153*
Kohlenstoffmonoxid.. *157*
Die Optik der Designerdroge.. *161*
Gesünder rauchen?.. *162*
Ihre FUMITO-Liste 3: Das Gift des Tages................................. *166*

Was tatsächlich passiert, wenn Sie eine anzünden...............**169**

Exkurs: Nesbitt´s Paradox...**170**

Was stimmt eigentlich nicht mit den Rauchern?....................**173**

Rauch-Kampagnen... *174*
Anti-Rauch-Kampagnen.. *179*
Filmtipp.. *185*
Alles kann wieder gut werden!.. *186*

In welcher Welt wollen Sie leben? **188**

Körperlich weg von der Sucht! **190**
    10 – 9 – 8 – 7 … Zero? 190
    Nikotinersatz? 193
    Hauptsache, es funktioniert! 197
    Weg von der Sucht – so geht's leicht! 199
    Gesundungserscheinungen genießen! 202
    Mund und Finger beschäftigen 203
    Der Husten 204

Mental weg von der Sucht! **205**
    Reflexrauchen-Situationen vermeiden? 206
    Betreten des Rasens verboten?! 207
    Sie KÖNNEN sich die Freiheit erlauben! 209

Andere Raucher **212**
    Gute Freunde, schlechte Freunde 212
    Raucher, die Ihnen nahe stehen 213
    Raucher, die Ihnen nichts bedeuten 214

Was tun, wenn´s zwickt? **215**
    Würden Sie einer Zecke nachtrauern? 216
    Die vier „T" 217
    Visualisieren Sie das Nichtrauchen! 217
    Lösen Sie die falschen Verknüpfungen eine nach der anderen 218

Werden wir jetzt dick? **220**
    Rauchen macht dick! 220
    Gier oder Hunger? Was ist was? 222
    Die Geschmacksexplosion 223
    Die Energiebilanz 224
    Wohin mit den Raucherkalorien? 226

Genießen Sie Ihre Kraft! 226

ENTSCHEIDEN SIE JETZT! 227

Vor- und Nachteile des Rauchens 227
Nachteile und Vorteile des Nichtrauchens 228
Entscheiden Sie! 231

Die allerletzte Zigarette 232

Das letzte Mal Nikotin einnehmen 233
RESET 233
Feiern Sie! 234

Gratulation 234

Räumen Sie auf! 235
Tipps für die ersten paar Tage 236
Ihre FUMITO-Liste 4: Belohnungen für jeden Tag 237

Letzte Tipps 239

Routinearbeiten 239
Wie Sie Rauchern helfen können, die Ihnen nahe stehen 239
Eine Warnung noch 242

Schlusswort: Rauchen WAR nur ein Irrtum 245

Anhänge 249

Literaturtipps 249
In eigener Sache 250
Unterstützen Sie uns 251
Rechtliche Hinweise 252
Hinweis zum Lesekomfort beim E-Book 254
Über die Autoren 255

Vorwort der Autoren

Hinter dem Seminar „FUMITO – Aus mit Rauch!" stehen Özgen Senol (Psychologe, Referent) und Peter Bußjäger (Historiker, Kaufmann). Wir waren beide fast zwei Jahrzehnte Raucher in den höheren Gewichtsklassen, wenn wir Rauchen einmal mit Boxen vergleichen wollen. Man muss als Raucher ja einiges aushalten: die Zigaretten, die gut gemeinten Ratschläge der Nichtraucher und auch die Sorgen, die man sich selbst wegen dem Rauchen macht. 2007 haben wir die Marke „FUMITO" erfunden, ein Wortspiel mit italienischen Vokabeln (fumare + finito). FUMITO ist eine einfache, raucherfreundliche Methode, das Rauchen aufzuhören.

FUMITO funktioniert! Das bestätigen die Seminarteilnehmer immer wieder. Einige Erfahrungsberichte oder Auszüge daraus präsentieren wir in diesem Buch. Auf jeden davon sind wir stolz.

+++ Erfahrungsbericht +++

Werner H., 35 Jahre Raucher:
Ich habe Akupunktur und Akupressur versucht, um das Rauchen aufzuhören. Nie hätte ich geglaubt, dass es so einfach ist, wenn man die Raucherei nur richtig versteht! [...] Ich hatte keinerlei Entzugserscheinungen oder sonstige Probleme, obwohl ich über 35 Jahre durchgehend geraucht habe – am Ende zwei große Schachteln am Tag!

Wir sind deshalb so stolz darauf, weil wir das überwältigende Glücksgefühl kennen, das sich einstellt, wenn ein Raucher seine allerletzte Zigarette *nach einer freien Entscheidung* ausmacht. Demgegenüber steht das unbeschreibliche Elend des Rauchens oder, ebenso schlimm, des Verzichtens darauf. Wenn ich auf etwas verzichte, muss ich leiden, habe ich keine Lust darauf, ist es mir egal. Um diesen entscheidenden Unterschied geht es bei FUMITO: keine Lust haben auf das Rauchen oder darauf verzichten müssen, zum Beispiel weil´s der Doktor gesagt hat?

Wir haben beide zeitweise auf das Rauchen verzichtet aus dem einen oder anderen *vernünftigen* Grund. Wir haben vorübergehend nicht geraucht, zum Beispiel um Geld zu sparen, oder um mehr Puste beim Sport zu haben. Wir hatten mehr Geld und mehr Puste, aber das hat uns nicht zufrieden gemacht. Stattdessen suchten wir Ausreden, um das Rauchen wieder anzufangen. Dann haben wir uns selbst verachtet, *weil* wir wieder angefangen hatten, denn jeder (auch jeder Raucher) weiß, dass es unsinnig ist, sich Verbrennungsprodukte fermentierter Pflanzen hineinzuziehen.

Zum Glück hatten wir lichte Momente, in denen uns der totale Irrsinn des Rauchens klar wurde, *bevor* uns ein Arzt mit einer schrecklichen Diagnose konfrontierte. Statistisch gesehen müsste einer von uns nämlich wegen Rauchen inzwischen schwer krank oder tot sein. Peters einschneidendes Erlebnis war eine Autofahrt von einer Stunde Dauer. Er wusste am Anfang der Fahrt, dass noch genau zwölf Zigaretten in der Schachtel sind. Am Ziel fand er aber nur noch fünf davon und konnte sich nicht erklären, was mit den anderen sieben passiert war. In diesem Moment stand für ihn fest, dass hier etwas völlig aus dem Ruder läuft. Nur was? Bei Özgen war es die Peinlichkeit, heimlich zu rauchen und dabei erwischt zu werden, weil er eine Wette nicht verlieren wollte. Heimlich zu rauchen als erwachsener Mensch – ist das nicht absurd? Oder kennen Sie das auch? Können Sie sich vorstellen, wie peinlich es ist, wenn man als Erwachsener hinter Nachbars Mülltonne beim heimlichen Rauchen erwischt wird? Oder wie man sich fühlt, wenn man in der eigenen Mülltonne – im Dreck – nach den gerade weggeworfenen Kippen sucht? Fünf Minuten nach dem letzten Beschluss, das Rauchen nun endgültig sein zu lassen?

Über diese Erlebnisse lachen wir rückblickend. Aber als wir in der jeweiligen Situation steckten, war es alles andere als lustig. Nach einigen gescheiterten Versuchen, das Rauchen aufzuhören, kam glücklicherweise irgendwann ein erfolgreicher. Er bestand darin, gründlich über das Rauchen *an sich* nachzudenken, weniger über die Nachteile, die es mit sich bringt. Aus vielen kleinen Informationen *und Ungereimtheiten* über Nikotin, über Sucht, über Zigaretten, die Tabakindustrie, Tabakpolitik und vieles mehr, ergab sich plötzlich ein neues Gesamtbild. Mit einem Mal erschien uns das Rauchen in einem ganz anderen Licht. Hätten wir die Informationen, wie wir sie hier für Sie aufbereitet haben, am Anfang gehabt, hätte ein einziger Anlauf genügt, um mit dem Rauchen Schluss zu machen! Mehr noch: hätten wir darüber als Jugendliche auch schon verfügt, wer weiß, vielleicht hätten wir dann mit dem Rauchen niemals angefangen!

Mit dem Rauchen anzufangen
ist erheblich schwieriger, als damit
aufzuhören!

Den wirklich harten Teil an der Sache
haben Sie also schon hinter sich!

Rauchen aufhören? Niemals!
(Oder: Die Sache mit dem rosaroten Elefanten)

Raucher wollen niemals aufhören mit dem Rauchen! Zwar stimmen sie zu, dass es besser wäre, nicht zu rauchen, und kennen alle Argumente, die gegen das Rauchen sprechen: es kostet gewaltige Summen Geld, es stinkt fürchterlich, es ruiniert die Gesundheit und vieles mehr. Aber aufhören? Jetzt? Wo es doch schmeckt, gesellig ist, entspannt? Diese Gedankenfolge ist wie ein rosaroter Elefant, an den Sie in diesem Moment nicht denken dürfen. Sehen Sie, das geht gar nicht, Sie *müssen* an den rosaroten Elefanten denken. So wenig wie sich der rosarote Elefant vermeiden lässt, kann ein Raucher dieser Denkschleife entkommen.

Um der Denkschleife ein Schnippchen zu schlagen, haben wir einen Tipp: Malen Sie den Elefanten in einer anderen Farbe an, grün zum Beispiel! Raucher wollen nämlich beides. Sie wollen rauchen *und* nicht rauchen. Nacheinander. Jeder Raucher stimmt innerlich erst einmal zu, wenn in der Zeitung steht, dass das Rauchen schädlich ist. Dann will er nicht rauchen. Doch gleich anschließend fallen ihm die guten Gründe ein, *warum* er raucht – und raucht eine.

Wie gesagt, dieser Denkschleife lässt sich nicht ent-, jedoch *zuvor*kommen. Das ist Ihr Ziel, wenn Sie dieses Buch lesen. Sie sind entschlossen, aufzuhören! Was glauben Sie, wird es leicht oder wird es schwer? Sie haben bestimmt viel gehört von ehemaligen Rauchern. Vielleicht haben Sie gehört, dass Sie eine fast übermenschliche Leistung des Willens mobilisieren müssen. Oder dass Sie sich auf unangenehme körperliche Veränderungen einstellen müssen, Schlafstörungen zum Beispiel. Am besten wäre es, Sie könnten sich von allen diesen vorgefertigten Gedanken frei machen. Ob es schwer wird oder nicht, hängt ganz wesentlich vom Werkzeug ab, das Sie beim Aufhören anwenden. Wenn Sie eine Suppe mit der Gabel essen wollen, dann wird es nicht leicht für Sie. Ebenso wenig, wenn Sie nach dem Rasenmähen das Gras mit der Schaufel einsammeln wollen. Mit dem falschen Werkzeug wird es schwer! Was aber ist das richtige Werkzeug beim Aufhören mit dem Rauchen? Eine Spritze? Ein Pflaster? Hypnose? Oder FUMITO?

Es gibt Raucher, die mit Hypnose aufgehört haben, andere mit einer Spritze, wieder andere mit einem Pflaster. Wenn es funktioniert – wunderbar! Das Werkzeug, das wir Ihnen bieten, ist **Rauchen!** An dieser Stelle begrüßen wir einen externen Helfer: Inspektor Columbo. Kennen Sie ihn noch, den eigenartigen Polizisten bei der Mordkommission von Los Angeles? Einige seiner Markenzeichen waren sein altes Auto, sein Trenchcoat, und die unvermeidliche Zigarre! Columbo sagte in seinen 69 Fällen viel über das Rauchen. Einmal entschuldigte er sich dafür mit den Worten: „Tut mir leid, ich weiß auch nicht, warum ich das schon am frühen Morgen rauchen muss.

Scheußlich!" Damit sagt er, dass er womöglich einen anderen Blick auf seine Zigarre gehabt hätte, wenn er das Rauchen verstanden hätte. Vielleicht hätte er dann überhaupt keine Lust zu rauchen gehabt. Hätte er Rauchen als Mordfall begriffen (in gewisser Weise ist es das, wie Sie noch sehen werden) und Ermittlungen aufgenommen. Dann wäre er so vorgegangen, wie wir es hier machen. Er hätte ein Detail nach dem anderen untersucht und die einzelnen Informationen dann zusammengesetzt wie ein Puzzle. Einmal sagt er: „Wissen Sie, einzeln haben alle diese Dinge nicht viel Bedeutung. Aber nimmt man sie im Ganzen, stellt eins neben das andere und denkt darüber nach, dann stellt man fest: mit dieser [Sache] stimmt etwas nicht"[1]. Genauso werden wir vorgehen. Wir werden einen Aspekt des Rauchens neben den anderen stellen und die Sache immer wieder im Ganzen betrachten.

Wenn Sie beim Lesen auch über jedes Detail ein wenig nachdenken und sich nach und nach ein Gesamtbild ergibt, dann kommen Sie irgendwann an eine Stelle, an der es leicht fällt, mit dem Rauchen aufzuhören. Insofern ist FUMITO eine raucherfreundliche Methode, damit Schluss zu machen. Sie erfordert keine übermenschliche und, was ebenso wichtig ist, keine dauerhafte Anstrengung. Sie können selbstverständlich beim Buchlesen auch rauchen. Sie brauchen auf nichts zu verzichten, nicht einmal auf Zigaretten. Wenn Sie keine Lust mehr darauf haben, ist es natürlich etwas anderes. Sie müssen sich in diesem Fall nicht mehr zum Rauchen zwingen.

---

1   Der Titel der Folge ist: Lösegeld für einen Toten

Möglicherweise haben Sie schon einen oder mehrere erfolglose Versuche mit dem Rauchen aufzuhören hinter sich, sind deshalb frustriert und begegnen FUMITO besonders kritisch. Das ist sogar ein Vorteil. Sie werden keine der Informationen, die wir vorlegen werden, gutgläubig schlucken. Sie werden alles doppelt kritisch unter die Lupe nehmen. Das hilft auch uns, denn unser Ziel ist keinesfalls, Sie zu etwas zu überreden. Wir wollen, dass Sie *sich selbst* überzeugen!

+++ **Erfahrungsbericht** +++

Michaela M., 13 Jahre Raucherin:
Ich darf superstolz verkünden, dass ich Nichtraucherin bin [...].
Ich muss gestehen, dass ich nach dem Seminar innerhalb von zwei Wochen noch drei Zigaretten geraucht habe (waren Grillabende bei Freunden), aber zu dem Zeitpunkt war es besser, mir diese drei zu „gönnen", als wenn ich mich gezwungen hätte, sie nicht zu rauchen. Danach hatte ich keinerlei Gelüste mehr. Fast 13 Jahre lang habe ich durchgehend geraucht, habe keien Tag ohne Zigarette überstanden und dann kommt ihr daher und es funktioniert :-). Jetzt habe ich eine viel bessere Kondition (das Joggen ging gleich eine Viertelstunde länger als vorher), meine Haut und Haare sind schöner und von dem „übrigen" Zigarettengeld gönne ich mir jeden Monat etwas für mich, ganz ohne schlechtes Gewissen und es geht mir damit super :-) !!!
Bin echt total froh, dass ich das Seminar mitgemacht habe!

… oder vielleicht doch?

Damit Sie Lust auf die allerletzte Zigarette bekommen, versprechen wir Ihnen jetzt ein Stück vom Paradies! Sie erhalten ein Stück vom Paradies, wenn Sie nicht mehr rauchen! Vielleicht halten Sie das im Moment für sehr dick aufgetragen, aber so wird es sein! Das Paradies erklärt sich ganz logisch, denn Rauchen ist die Hölle! Nur erkennen Sie sie nicht, weil sie raffiniert getarnt ist. Sobald Sie verstanden haben, wie die Tarnung und das Tabakgeschäft funktionieren, verlieren Sie die Lust am Rauchen – versprochen!

Die Welt wäre schön und einfach, wenn wir dann schon am Ziel wären. In manchen Fällen ist das leider noch nicht ganz so, denn sobald Sie nicht mehr rauchen, haben Ihre rauchenden Freunde, Bekannten, Verwandten, der Partner, möglicherweise ein Problem mit Ihnen. Sie werden bald verstehen, warum das passieren kann, aber auch das lässt sich gut in den Griff bekommen und in Vorteile ummünzen – sofern Sie darauf eingestellt sind. Wir wollen Sie nur jetzt schon darauf hinweisen, damit Sie nicht nachher eine unangenehme Überraschung erleben. Das muss nicht passieren, aber es soll nicht heißen, wir hätten etwas verschwiegen.

Ein großer Erfolgsfaktor auf Ihrer Seite wird sein, wenn Sie sich von vorneherein sagen: „Ja, das mache ich **für mich**! Für mich höre ich mit dem Rauchen auf! Nicht für meinen Partner, die Kinder, den Chef, nein, nur für mich mache ich das!" Ihr Nutzen geht weit über

Gesundheit und Geld hinaus. Nehmen wir die Gesundheit: Die wäre wertlos, wenn Ihnen morgen ein großer Stein auf den Kopf fiele. Nur hätten Sie ohne Rauchen bereits morgen – sofort – ein paar Euro mehr in der Tasche, Zeit zur freien Verfügung, mehr Puste beim Treppensteigen, die schlechten Gefühle rund um das Rauchen wären weg, und Sie hätten die Freiheit, wieder selbst über Ihr Leben zu bestimmen. Jetzt bestimmen die Zigaretten!

Damit es auch klappt, wenn Sie es schon anpacken!

Dieses Buch haben Sie in der Hand, weil Sie mit dem Rauchen Schluss machen wollen! Was Ihnen dabei am meisten zu schaffen macht, ist der zweite Teil der Denkschleife mit dem rosaroten Elefanten: die Gedanken, Rauchen bringe Entspannung, es sei gesellig, es helfe, sich zu konzentrieren, es mache einen Genuss erst ganz perfekt (ist das nicht der Grund, warum viele Raucher nach einem guten Essen erst mal eine rauchen?). Daraus ergibt sich die Angst, ohne Zigaretten auf vieles verzichten zu müssen, und dass der Verzicht eine ewig währende Anstrengung erforderlich macht. Davor fürchten sich die Raucher! Diejenigen unter ihnen, die noch nie ein paar Wochen oder Monate am Stück nicht geraucht haben, fürchten zusätzlich, dass das Aufhören mit Unannehmlichkeiten bis hin zu Schmerzen verbunden sein könnte.

Wir wissen, dass Ihnen diese Sorgen und Ängste zu schaffen machen, denn wir hatten sie ebenfalls! Gehen Sie trotzdem entspannt an die Sache heran, setzen Sie sich nicht selbst unter Druck! Nehmen Sie sich die Zeit, die Sie brauchen. Wir hoffen, es zwingt Sie niemand, mit dem Rauchen aufzuhören. Könnte ja sein, dass Ihr Partner Sie drängt, oder Sie sich von ihm gedrängt fühlen. Das wäre hinderlich, denn „sollen" ist etwas anderes als „wollen". Wer etwas „soll", der erledigt die Aufgabe womöglich schon mit einem Widerwillen und sucht von Anfang an nach Ausreden: „Ich hätte ja gerne, aber es hat nicht geklappt, weil ...".

Falls es so wäre und Ihr Partner den Impuls gegeben hat, dass Sie jetzt hinter diesem Buch sitzen, dann halten Sie ihm bitte zugute, dass er sich ernsthaft Sorgen um Sie macht. Vielleicht kommt es bei Ihnen anders an, aber hinter Ratschlägen das Rauchen aufzuhören, steckt ehrliche Sorge – immer! Sie sind vielleicht der Meinung, der Husten wäre normal, Ihr Partner sieht das anders!

Lassen Sie sich dennoch auf keinen Fall unter Druck setzen! Nehmen Sie sich die Zeit, die Sie wollen. Es empfiehlt sich allerdings, nicht allzu große Pausen zwischen den einzelnen Kapiteln zu machen. In einer, maximal zwei Wochen, können Sie damit bequem fertig sein. Aber wenn Sie länger brauchen wollen, dann machen Sie das eben. Es herrscht keine Eile.

Wichtig ist, dass Sie *alle* Übungen und *alle* Schritte nachvollziehen, die wir vorschlagen. Das hat sich bewährt und tausende von ehemaligen Rauchern sind mit dieser Vorgehens-weise Nichtraucher geworden. Kennen Sie das Jahrmarktspiel Fadenziehen? Aus einem großen Bündel von Fäden muss man einen Faden aussuchen und daran ziehen. Wenn man Glück hat, ist es der Hauptgewinn. In diesem Buch ist jede Seite ein Gewinn, aber jeder Raucher hat zusätzlich noch einen individuellen Hauptgewinn. Niemand weiß, welche Seite

Ihren Hauptgewinn enthält. Deshalb gehen Sie einfach auf Nummer sicher und lesen Sie alles! Machen Sie jede Übung, erledigen Sie jede Aufgabe!

Der Termin für die endgültig allerletzte Zigarette ...

Irgendwann kommt ein kurzer Moment, an dem Sie alles klar sehen, und plötzlich keine Lust mehr auf das Rauchen haben. Das bedeutet nicht unbedingt, dass Sie in diesem Moment schon alle Ängste vor dem Aufhören hinter sich haben, aber Sie können ahnen, dass es soweit kommen wird. Das ist der Moment, an dem Sie sich einen Termin setzen können für Ihre *allerletzte* Zigarette. Setzen Sie diesen Termin auf keinen Fall *vor* diesem lichten Moment der Erkenntnis. Und denken Sie auch nicht darüber nach, was an diesem Moment passieren muss, damit Sie ihn erkennen. *Es ist unmöglich, ihn zu verpassen!* Sie werden praktisch schon zum Nichtraucher, während Sie noch Raucher sind. So, wie Sie bereits Raucher wurden als Sie noch Nichtraucher waren.

Sie wissen, dass es viele Gründe gibt, das Rauchen aufzuhören, aber einige oder einer wird Ihnen besonders wichtig sein. Das ist nicht bei allen Rauchern gleich. Finden Sie den für Sie persönlich wichtigsten Grund heraus! Er wird Ihnen helfen, der Tabakwirtschaft nie mehr auf den Leim zu gehen – aber er hat nichts mit dem lichten Moment zu tun. Lassen Sie sich von der *Erleuchtung* überraschen.

Hilfreich ist auch, wenn Sie schonungslos ehrlich zu sich selbst sind. Mit dem Buch sind Sie für sich und brauchen niemandem etwas vorzumachen. Das macht alles viel, viel einfacher.

Zu guter Letzt eine Bitte: Schenken Sie uns ein wenig Vertrauen! Wir waren auch Raucher und kennen das alles. Seit vielen Jahren haben wir keine einzige Zigarette geraucht, geschweige denn den Wunsch danach verspürt. Wir sind froh und glücklich, frei zu sein und leben unbeschreiblich viel besser als vorher. Mit FUMITO sind tausende Raucher vor Ihnen glücklich Nichtraucher geworden, also ist es wahrscheinlich, dass es bei Ihnen auch klappt. Seien Sie kritisch, seien Sie offen. Lassen Sie Gedanken zu, die Sie noch nie gedacht haben.

Hier sind die Tipps nochmal im Überblick:
- → Lesen Sie das Buch ohne Druck, niemand zwingt Sie dazu!
- → Lesen Sie *alles* und machen Sie *alle* Übungen.
- → Finden Sie im Lauf des Buches Ihren persönlich wichtigsten Grund, warum Sie unbedingt das Rauchen aufhören wollen.
- → Seien Sie schonungslos ehrlich zu sich selbst.
- → Vertrauen Sie uns.

... oder die endgültig allerletzte Elektro-Shisha

FUMITO bezieht sich in erster Linie auf das Rauchen von Tabak. Aber die Dinge sind im Fluss. E-Zigaretten und Shishas erweitern das Spektrum des traditionellen Rauchs um ein paar moderne und exotische Gimmicks. Darauf gehen wir am Rande ein.

Alles ist Ansichtssache

Die inneren Stimmen der Raucher

Wenn wir an Ihrer Stelle wären, dann hätten wir zum Thema Rauchen immer noch zwei Stimmen im Kopf. Die hatten wir solange wir geraucht haben. Die eine würde sagen: „Rauch´ eine, das schmeckt, es entspannt dich, du kannst dich besser konzentrieren, es ist gesellig", und so weiter. Die andere Stimme würde sagen: „Lass´ es bleiben, du ruinierst dich, es stinkt erbärmlich, deine Gesundheit geht vor die Hunde, deine Kinder machen sich deswegen Sorgen", und so weiter.

Vielleicht haben Sie es inzwischen vergessen, aber Sie waren auch einmal Nichtraucher. Und solange Sie Nichtraucher waren, hatten Sie nur eine Stimme im Kopf zum Thema Rauchen. Sie hatten nur die Stimme, die Ihnen sagte: „Rauchen ist ekelhaft. Was für ein Brett haben die Raucher nur vor dem Kopf, dass sie sich so etwas antun" – das dachten auch Sie, bevor Sie Raucher wurden. Auch ehemalige Raucher denken das. Auch die haben nur eine Stimme im Kopf. Außer jenen natürlich, die sagen, sie seien froh, schon viele Jahre nicht mehr zu rauchen, aber dann und wann Lust auf eine Zigarette zu haben. Diese Ex-Raucher haben sozusagen *falsch* mit dem Rauchen aufgehört. Sie haben Sehnsucht nach Zigaretten und nach wie vor *zwei* Stimmen im Kopf.

So ging es uns eine Weile lang auch. Wir haben die falschen Wege ebenfalls beschritten. Wir haben aufgehört mal aus diesem, mal aus jenem vernünftigen Grund, aber wir wussten schon vor den vorerst letzten Zigaretten, dass wir Sehnsucht danach haben würden. Weil wir das Rauchen bei diesen Versuchen noch nicht verstanden hatten! Wir haben damals Zigaretten als etwas gesehen, das unser Leben bereichert und uns gut tut, und haben uns dann trotzdem davon getrennt. Deshalb haben wir die Entscheidung bald bereut und wieder angefangen. Dann haben wir das Anfangen bereut, weil wir ja wussten, dass uns die Zigaretten auch schaden. Rauchen aufzuhören, obwohl man ahnt, dass man Sehnsucht haben wird danach, das ist wie zu heiraten und beim Jawort schon die Scheidung in der folgenden Woche im Kopf zu haben. Macht das Sinn?

Als wir es dann *richtig* gemacht haben, waren die ersten paar Tage ziemlich spannend. Wir wussten, dass es uns an nichts mangeln würde, dass das Auto auch ohne Zigaretten fahren würde, aber ein gewisses Prickeln gab es doch. Özgen hatte 16 Jahre geraucht, Peter 18 Jahre. Da ist Rauchen nun einmal die Normalität, ob es Sinn macht oder nicht. Was wir regelmäßig tun, sei es aus Gewohnheit, aus Pflichterfüllung oder aus anderen Gründen, das halten wir für normal. Raucher halten es für normal, zu rauchen. Wenn Sie wieder Nichtraucher sind, werden Sie es nach kurzer Zeit für normal halten, nicht zu rauchen. Und Sie werden wieder nur eine Stimme im Kopf haben, keine zwei.

Viele Freunde berichten uns mit einer gewissen Verzweiflung, dass ihre Kinder voll des Ekels über Zigarettenrauch waren und entsetzt von den Unterrichtseinheiten in Biologie mit dem Thema „Schäden durch das Rauchen" erzählten. Oft berichten die Kinder von einer schrecklichen Beinamputation, die im Film präsentiert wird, und beteuern, dass sie sich so einer Gefahr niemals aussetzen würden. Das sind die Zeiten, zu denen sie nur eine Stimme im Kopf haben.

Ein paar Wochen später kommen manche dann nach Hause und riechen auffällig. Auf die Frage, ob sie denn geraucht hätten, gibt es verleugnende oder beschwichtigende Antworten: „Ich hab´ nur mal probiert", „ich hab´ nur bei einem Kumpel einen Zug gemacht", oder ähnliche Floskeln kommen dann. Tatsache ist, dass jetzt bereits die zweite Stimme ein Wörtchen mitredet. Mit der Zeit wird diese zweite Stimme immer lauter und am Ende führt sie das Wort.

Diese beiden inneren Stimmen werden wir genauer betrachten. Von solchen Stimmen sprach schon Johann Wolfgang von Goethe, als er „zwei Seelen" in die Brust seines tragischen Helden Faust hineindichtete. Harry Haller, der „Steppenwolf", klagt im Roman von Hermann Hesse bereits über 100 Seelen, die seine Brust strapazieren. Aus der modernen Psychologie erfahren wir schließlich, dass es nicht zwei oder 100, sondern je nach Situation mehr oder weniger „innere Stimmen" sind, die sich zu bestimmten Fragen melden. Das Bild der „inneren Stimmen" ist auch von einem der populärsten Kommunikationspsychologen der heutigen Zeit aufgegriffen worden: Friedemann Schulz von Thun verwendet es, wenn er die oftmals scheinbar unergründlichen Prozesse erklärt, wie ein Mensch zu einer Meinung findet. Er spricht dabei vom „inneren Team", das sich je nach Situation in verschiedenen Besetzungen zusammenfindet[2]. Ein „inneres Team" gibt es auch beim Rauchen.

Was Menschen für normal halten und was nicht

Wie gesagt, jetzt halten Sie das Rauchen für normal. Aber ist es das? Kommen Menschen als Raucher zur Welt? Oder haben sie dafür eine bestimmte Ausstattung, sodass man annehmen könnte, es gibt eine Art natürliche Tendenz zum Rauchen? Zum Beispiel, wenn irgend ein Bestandteil des Tabakrauchs zu etwas Nützlichem zu gebrauchen wäre. Sie wissen, dass es nicht so ist. Rauchen ist *nicht* normal. Der Normalzustand des Menschen ist: Nichtraucher!

Als wir noch Raucher waren, war es für uns normal, die Menschen auf einer Party erst einmal einzuteilen in Raucher und Nichtraucher. Fast könnte man überspitzt sagen, in Freunde und Feinde. Gehören Sie auch zu den Rauchern, die mehr rauchen, wenn sie unter Stress stehen? Bei uns war das der Fall. Für uns war es sonnenklar, dass eine Zigarette helfen würde, mit Stress fertig zu werden, uns zu entspannen. Also: Stress > Zigarette > Entspannung. Wie sieht das wohl für uns als Nichtraucher aus? Stress > keine Zigarette > *keine* Entspannung? Was dann? Es war für uns normal, bei Stress zu rauchen. Wir haben auch geglaubt, wir würden nie mehr kreativ sein können ohne Zigaretten und hatten die schlimmsten Befürchtungen. Wir fragten uns ernsthaft, ob das Leben ohne Zigaretten überhaupt zu ertragen sein würde.

---

[2] Friedemann Schulz von Thun, Miteinander reden, Band 3: Das „innere Team" und situationsgerechte Kommunikation; 23. Auflage (2013)

Doch es stellte sich heraus, dass keine der Befürchtungen zutraf. Es zeigte sich, dass wir das Rauchen nur von einer ungünstigen Blickrichtung aus betrachteten. Sie kennen bestimmt den Witz, in dem ein Betrunkener um eine Litfaßsäule herumläuft und sich daran abstützen muss, um nicht um zu fallen. Irgendwann kommt er zu der Überzeugung, er sei eingemauert. So ähnlich können Sie Ihre Lage im Bezug auf das Rauchen einschätzen. Das bedeutet auch, dass Sie es wunderbar einfach haben werden, das Rauchen endgültig zu beenden. Sie brauchen sich nur um zu drehen und schon sind Sie frei. Sie brauchen *nur* den Blickwinkel zu wechseln. Mit den richtigen Fragen und den richtigen Informationen wird das gelingen.

Welche Informationen erhalten Sie in diesem Buch?

Diese Aspekte des Rauchens betrachten wir in allen Einzelheiten:

- ➔ Ist Rauchen eine Gewohnheit, Sucht oder gar Krankheit?
- ➔ Wie wird man Raucher – durch eine Entscheidung oder durch hinterlistige Verführung?
- ➔ Wie funktioniert Tabak-Marketing?
- ➔ Welche Inhaltsstoffe sind in einer Zigarette und im Rauch?
- ➔ Falls Rauchen eine Sucht ist – wie kommt man davon weg?
- ➔ Wie lassen sich Rückfälle zuverlässig vermeiden?

Aus all den Informationen ergibt sich gewissermaßen eine Bauanleitung für das Fundament, auf dem Ihr neues Nichtraucherleben als Haus stehen wird. Viele Raucher hören auf, ohne vorher ein Fundament gebaut zu haben und wundern sich dann, warum das Haus nach ein paar Tagen, oder Wochen, oder Monaten einfällt. Aber beachten Sie bitte, dass es nur eine Anleitung ist. Bauen müssen Sie selbst! Wir zeigen Ihnen nur ein paar Konstruktionsmethoden.

Gehen Sie davon aus, dass Sie vom Rauchen so gut wie nichts wissen. Es ist wie beim Autofahren. Man kann es zwar, aber von den Vorgängen im Motor hat man keine Ahnung, wenn man nicht gerade Automechaniker von Beruf ist. Viele Raucher sagen zum Beispiel wie im Reflex, sie seien süchtig. Aber fragt man genauer nach, beschreiben sie eine Gewohnheit. Das sind zwei völlig verschiedene Dinge, die wir klar voneinander unterscheiden müssen. Dann das Nikotin. Manchmal hören wir tatsächlich, es mache gar nicht süchtig, nur die vielen Zusatzstoffe seien die bösen Substanzen in Zigaretten. Warum gibt es dann keinen Markt für Zigaretten ohne Nikotin? Die haben genauso viele Zusatzstoffe, aber niemand interessiert sich dafür. Über diese Zusatzstoffe und in was sie sich verwandeln, wenn sie brennen, kommen wir später zurück.

Auf den Zusammenhang zwischen Rauchen und Stress gehen wir ebenfalls ein. Die meisten Raucher glauben, Zigaretten würden gegen Stress helfen. Kaum kommt Hektik auf, rauchen sie die doppelte und dreifache Menge wie üblich. Aber wenn das Rauchen angeblich so gut gegen Stress hilft, warum wird es dann nicht Nichtrauchern empfohlen, die über Stress klagen? Oder haben Sie schon einmal gehört, dass ein Experte empfiehlt, Nichtraucher zum Rauchen zu bringen, wenn sie unter Stress leiden? Wir nicht! Oder würden Sie Rauchern, die über Stress klagen, empfehlen, noch mehr zu rauchen? Eher würden Sie sagen: „Mach´ einen Kurs in Qi-Gong."

Ähnlich herausgehoben wie das Thema „Stress" ist das Thema „Figur". Viele Raucher befürchten, sie könnten dick werden, wenn sie aufhören. Zwangsläufig, wie oft behauptet wird, ist das keineswegs! Interessant ist hier die Frage, wo das Vorurteil herkommt.

Unter dem Strich sieht es so aus, dass Raucher sehr wohl wissen, warum sie damit aufhören wollen, doch kaum einer weiß, warum er raucht. Leider beschäftigen sich die meisten Raucher nur mit den Gründen, warum sie aufhören sollten: Sie rechnen sich selbst vor, wie viel Geld sie verlieren, sie informieren sich über schlimme Krankheiten, sie machen sich Sorgen, dass sie ihren Kindern ein schlechtes Vorbild sind. Das trifft alles zu, aber es hilft nichts. Die ganzen *vernünftigen* Gründe, das Rauchen aufzuhören, haben keinerlei Erklärungswert. Deshalb fangen wir die Sache genau anders herum an. Wir erklären das Rauchen. Genauer gesagt: wir unterstützen Sie darin, es sich selbst zu erklären. Dann brauchen Sie nachher keine Gründe mehr, es aufzuhören, weil Sie längst die Lust daran verloren haben. Würden wir so vorgehen wie die meisten Raucher spontan, nämlich die Nachteile des Rauchens zu betonen, würden wir da landen, wo Sie sind: bei der Lust zu rauchen. Dann hätten Sie sich das Geld für dieses Buch glatt sparen können.

Ein sehr spannender Bereich ist das Tabakmarketing. Die großen Plakate an Bushaltestellen und an Hauptverkehrsadern sowie Kinowerbung sind nur die oberste Schicht einer geradezu teuflischen Manipulationsmaschine, die Spitze des Eisbergs sozusagen. Können Sie sich vorstellen, dass sogar Warnungen vor dem Rauchen einen erwünschten Effekt *für* die Tabakindustrie haben können? Sie werden staunen, wenn Sie den Masterplan kennen. Hier eine kleine Kostprobe: Leonard Nimoy, bekannt als „Spock" in der Serie „Raumschiff Enterprise" litt an COPD, chronisch obstruktive Lungenkrankheit (Chronic Obstructive Pulmonary Disease). Kurz vor seinem Tod warnte er vor dem Rauchen. Darüber berichtete FOCUS-online[3]. Der Sprecher des Videobeitrags zitierte Nimoy mit der Aussage, es sei schwer gewesen, vom Rauchen weg zu kommen, und es habe ihn „einige Entzugsprogramme" gekostet, bevor er es geschafft hatte. Freuen Sie sich jetzt auf das Aufhören? Freuen Sie sich auf schwere Zeiten in einigen Entzugsprogrammen? Manche Raucher verlieren nach solchen Nachrichten den Mut, und versuchen es nicht einmal mehr. Punkt für die Tabakmultis!

Freuen Sie sich auf das Aufhören?

Leonard Nimoy war nicht der erste und wird nicht der letzte prominente Raucher sein, der junge Menschen warnen will. Doch was bewirkt er? Wir fürchten, genau das Gegenteil! Sehen Sie, es ist doch auch im täglichen Leben so: Wenn ich mich auf etwas freue, dann sorge ich dafür, dass ich es so bald und so gut wie möglich bekomme; habe ich Widerwillen, versuche ich, es zu verschieben oder ganz zu vermeiden. Zum Beispiel Ihr nächster Urlaub. Wie stellen Sie sich den vor? Rechnen Sie mit Kakerlaken in Ihrem Hotelzimmer, einer verschimmelten Dusche, ungenießbarem Essen, unfreundlichem Personal und schlechtem Wetter? Würden Sie wirklich fahren, wenn

---

3   http://www.focus.de/kultur/videos/star-trek-star-stirbt-an-lungenkrankheit-davor-warnte-mr-spock-nimoy-kurz-vor-seinem-tod_id_4509773.html

Sie tatsächlich damit rechnen würden? Niemals! Und wie, bitteschön, soll sich jemand auf das Nichtrauchen freuen, wenn es schwer und mühsam sein soll, wie Nimoy behauptet?

Es gibt auch Leute, die sagen: „Wenn ich es mir schwer vorstelle das Rauchen aufzuhören, dann bin ich angenehm überrascht, wenn es wider Erwarten leicht geht". Aber das führt zum gleichen Problem; man überwindet sich nicht mehr, überhaupt los zu legen. Wir wollen nicht sagen, dass es mit Mühe und Anstrengung nicht gehen würde, das Rauchen aufzuhören. Aber muss das sein? Mit diesem Buch haben Sie die Anleitung in der Hand, wie es mit Leichtigkeit und Humor gelingen kann, Nichtraucher zu werden. Und das nicht in langwierigen Programmen sondern von einem Moment auf den anderen. Dieser Moment wird kommen und dann ist es unumkehrbar. Sie werden keine Lust mehr haben auf Zigaretten.

Wann ist der beste Zeitpunkt zum Aufhören?

Gibt es den überhaupt? Was wäre der richtige Zeitpunkt für ein Kind, um mit dem Rauchen aufzuhören? Doch ganz klar jetzt sofort! In www.youtube.de kursieren Videos von rauchenden Kindern[4]. Ein geradezu herzzerreißender Anblick ist das. Ebenfalls in youtube finden Sie Videos der Kampagne „Smoking Kid", die von der Thai Health Promotion Foundation (THPF) durchgeführt wurde. Darin bitten kleine Kinder mit Zigaretten in der Hand fremde erwachsene Raucher um Feuer und werden dabei mit versteckter Kamera beobachtet. Die Erwachsenen verweigern allesamt das Feuer und

---

4   Zum Beispiel: https://www.youtube.com/watch?v=x4c_wl6kQyE

zählen die Gefahren des Rauchens auf. Nach kurzer Zeit überreichen die Kinder einen Zettel mit der Botschaft: „Sie machen sich Sorgen um mich, aber warum nicht um sich selbst?"[5] Sofort aufzuhören wäre natürlich das Beste.

Für viele Raucher ist der richtige Zeitpunkt aber „irgendwann", beziehungsweise, „bevor es mich mit einer schlimmen Krankheit erwischt". Das sind die Aussagen, die wir oft von jungen Leuten hören. Aber weil niemand wissen kann, wann oder ob es ihn erwischt ist diese Zeitbestimmung ziemlich nutzlos. Haben Sie einen Freund, der raucht? Statistisch gesehen wird einen von Ihnen beiden eine schwere Krankheit oder der Tod zustoßen *wegen Rauchen!*. Vielleicht auch beiden. Nur kann das niemand vorhersagen.

Muss der richtige Zeitpunkt vielleicht besondere Eigenschaften haben? Viele Raucher rauchen zum Beispiel mehr, wenn sie stressige Phasen haben. Folglich wäre es wichtig, eine Zeit zu finden, in der der Stress weniger störend ist. Seltsamerweise kommt diese Zeit aber niemals. Dann die beliebten Termine wie Geburtstag, Sylvester oder die Geburt eines Kindes. In 99,9 Prozent der Fälle sind auch das Fehlanzeigen. Die meisten Leute, die Sylvester ihre vorerst allerletzte Zigarette rauchen, sind eine Woche später mit den Nerven so weit unten, dass sie den Fensterkit aus dem Rahmen kratzen, in eine Pfeife stopfen und anzünden würden, damit sie wenigstens was zu Husten haben.

---

5   Siehe https://www.youtube.com/watch?v=gugjMmXQrDo und
    http://www.aef.com/pdf/jay_chiat/2013/thpf_smoking_kid.pdf

Man könnte sagen, der richtige Zeitpunkt ist immer und nie. Mitunter hängt der richtige Zeitpunkt auch davon ab, wann der Raucher die letzte Zigarette geraucht hat. War es vor zwei Minuten, ist es der richtige Zeitpunkt – war es vor zwei Stunden, ist es auf gar keinen Fall der richtige Zeitpunkt!

Der rosarote Elefant macht Rauchern das Aufhören sehr schwer. Probieren sie es doch, kommt immer etwas dazwischen, oder es passt gerade nicht aus irgendwelchen Gründen. Andererseits wäre *jeder* Zeitpunkt der richtige, um das Rauchen aufzuhören, weil es mit Sicherheit eine richtige Entscheidung wäre. Also gehen wir einfach davon aus, dass in den nächsten Tagen, oder heute, der richtige Zeitpunkt sein *könnte*. Vielleicht kommt nie mehr eine bessere Gelegenheit. Je eher dieser Zeitpunkt ist, um so besser!

Als Raucher der glücklichere Mensch?

Oder fragen wir so: was haben Raucher, das Nichtraucher nicht haben? Gibt es etwas, um das Nichtraucher die Raucher beneiden müssen? Sind Raucher daher generell glücklicher als Nichtraucher? Das ist eine Frage eines ziemlich großen Kalibers. Schauen wir, was ein Philosoph dazu sagt. Jean-Paul Sartre schrieb folgendes über das Rauchen: "*Ich rauchte im Theater, vormittags bei der Arbeit, abends nach dem Essen, und ich hatte den Eindruck, wenn ich aufhörte zu rauchen, würde ich dem Theater das Interesse, dem Abendessen seine Würze, der Vormittagsarbeit den frischen Schwung nehmen.*"[6] Hätte der große Philosoph recht, dann würde das bedeuten,

---
6   Wir haben es aus der taz: http://www.taz.de/!20860/

dass ein Nichtraucher überhaupt nicht vollständig glücklich sein kann. Die Zigarette wäre die Voraussetzung für Glück. Aber was würde ein Nichtraucher in diesen Situationen sagen? Haben Sie jemals einen Nichtraucher gesehen, der nach einer guten Mahlzeit ins Grübeln geraten wäre, ob ihm jetzt noch irgendetwas fehlt? Sartre rauchte wie ein Schlot. Wir fragen uns, ob er überhaupt erkennen konnte, ob sein Abendessen gewürzt war oder nicht.

Wir gehen davon aus, dass der berühmte französische Denker an einer bestimmten Stelle geistig falsch abgebogen und in einer Sackgasse gelandet ist. Glauben Sie, ein Nichtraucher wäre neidisch auf einen Raucher, wenn er ihn auf einem Flughafen in der Raucherkabine sieht? Glauben Sie, er würde den Raucher beneiden darum, dass er nachts bei jedem Wetter aus dem Haus gehen muss, weil er vergessen hat, für Nachschub zu sorgen? Glück und Rauchen haben nichts miteinander zu tun! Es gibt glückliche Raucher und glückliche Nichtraucher, so wie es unglückliche Nichtraucher und unglückliche Raucher gibt.

Was fehlt den Nichtrauchern?

Gibt es etwas, das Nichtrauchern zum Leben fehlt? Rein logisch gedacht, kann es nicht sein. Menschen kommen als Nichtraucher zur Welt und bringen alles mit, was sie brauchen. Bringt nun das Rauchen einen konkreten Vorteil? Können Raucher durch das Rauchen etwas erreichen, das Nichtrauchern verschlossen bleibt? Wir meinen jetzt nicht den Husten, den Auswurf, den Gestank, sondern ganz konkrete Vorteile. Vielleicht denken Sie spontan an Entspannung oder eine gute Figur. Aber es gibt auch Nichtraucher, die sich gut entspannen können und eine gute Figur haben. Also kann das Rauchen nicht der Grund dafür sein.

Rein logisch betrachtet kann Nichtrauchern nichts fehlen, das sie durch Rauchen erreichen könnten. Damit befinden Sie sich in der glücklichen Lage, dass Sie auf nichts verzichten müssten, wenn Sie nicht mehr rauchen würden. Die Entscheidung wäre auf jeden Fall richtig und der Zeitpunkt auf keinen Fall falsch. Wir meinen, das sind die besten Voraussetzungen, die Sie haben können.

Warum hören wir´s nicht einfach auf?

Vermutlich haben Sie spontan häufig zugestimmt: Sofort aufhören wäre vernünftig, Nichtrauchern fehlt nichts, Nichtrauchen ist normal, Rauchen ist nicht normal und so weiter. Nichts von all dem war ungewöhnlich oder sonderbar. Also warum, um alles in der Welt, hören Sie nicht einfach auf? Weil die Sucht stärker ist? Weil es eine Gewohnheit ist? Weil es Schicksal ist? Weil irgendetwas Sie zum Rauchen zwingt?

SGIB

Die innere Stimme der Vernunft: SGIB

Wir hatten angekündigt, die inneren Stimmen der Raucher vorzustellen. Jeder Raucher hat diese Stimmen. Eine davon ist die Stimme der Vernunft. Wir nennen sie hier einmal SGIB. Die Grafikerin Irina Hutzler hat der Stimme eine katzenartige Gestalt mit Hundenase gegeben. SGIB ist keine wirkliche Person. Den Namen werden Sie im Telefonbuch kaum finden.

Die innere Stimme der Vernunft, SGIB, haben Raucher wie Nichtraucher. Nur ist er bei den Rauchern beeinträchtigt, weil er von einer zweiten Stimme bekämpft wird. Die stellen wir später vor. Wenn sich SGIB nicht mehr ganz sicher ist, was er denken soll, dann melden sich andere Stimmen zu Wort, manche helfen ihm, eine bedrängt ihn. Dann ist er vorübergehend still oder er stellt sich tot oder er flüchtet. Seine Ratlosigkeit lähmt ihn, speziell wenn es um das Rauchen geht. Nur eins ist sicher: SGIB meint es immer gut mit seinem Besitzer. Er will jederzeit, dass es ihm gut geht. Wenn er einmal etwas registriert hat, was ihm gut getan hat, dann merkt er sich das für alle Zeiten.

SGIB ist sozusagen die eine Hälfte der Rosaroter-Elefant-Schleife, jener Hälfte, die sagt: es ruiniert dich, es stinkt, es macht dich krank. Die andere Hälfte der Rosaroter-Elefant-Schleife (es schmeckt, es entspannt, es ist gesellig usw.) spricht die andere Stimme, die wir später vorstellen. Doch was diesen anderen Teil der Schleife betrifft, verfügt SGIB über *Erfahrungen*, die scheinbar bestätigen, was die andere Stimme sagt. Er verfügt also über Erfahrungen, die seinem Wissen widersprechen. Der Grund dafür liegt in einer besonderen Eigenschaft SGIBs: Er *kann niemals* etwas vergessen!

SGIB kommt mit seinem Besitzer zur Welt und wächst mit ihm auf. Anfangs hat er große Ohren und nimmt alles begierig auf, was er an Informationen und Neuigkeiten nur so finden kann. Was ihm irgendwie hilft, seine Bedürfnisse zu befriedigen und die Welt zu verstehen, merkt er sich. Er merkt sich wirklich absolut alles und er *kann nichts vergessen*, was er an befriedigenden Erfahrungen jemals gemacht hat! Die Wege, die zu den befriedigenden Erfahrungen geführt haben, merkt er sich besonders gut.

Leider ist nicht alles immer hilfreich, was er aufnimmt, zum Beispiel manche Redensarten, wie „zuerst die Arbeit, dann das Vergnügen". Jetzt lernt SGIB, dass Arbeit und Vergnügen nicht zusammen gehören. Oder: „Gewohnheiten sind schwer zu ändern". Solche Redensarten können zutreffend sein oder nicht, können hilfreich sein oder nicht, aber das spielt überhaupt keine Rolle. Wenn SGIB sie nur oft genug gehört hat, dann glaubt er sie. Bedingungslos! Aus den Redensarten werden dann Glaubenssätze.

Eine große Schwachstelle von SGIB ist, dass er leicht verunsichert und getäuscht werden kann. Zum Beispiel, wenn jemand sagt: „Du wirst dick und fett, wenn du mit dem Rauchen aufhörst!" Dann hat er Angst, dass es tatsächlich so kommen könnte und lässt sich einschüchtern. Die Halbwahrheiten, die SGIB im Laufe der Zeit aufschnappt, führen am Ende dazu, dass der SGIB eines Rauchers vor dem Aufhören mehr Angst hat, als vor dem Rauchen. Das ist paradox, denn er weiß, es wäre nicht das Nichtrauchen, das ihn in die Krebsklinik bringen würde, sondern das Rauchen. Statt sich vor schlimmen Krankheiten zu fürchten, haben Raucher Angst, mit dem Aufhören zu scheitern und dass die Sehnsucht, die Gier nach Zigaretten niemals vergehen könnte.

Je länger die Halbwahrheiten um das Rauchen SGIBs Urteilskraft beeinträchtigen, desto stärker verfestigen sie sich in der Rosaroter-Elefant-Schleife. Diese Denkschleifen gibt es nicht nur beim Thema Rauchen, doch hier ist es besonders tragisch. Am Ende hält er es gar für ein *Risiko*, mit dem Rauchen aufzuhören. So sammeln sich in SGIBs Welt Dinge und Ideen an, die zwar nicht gut für ihn sind, die er aber für wahr und unveränderlich hält. Auf viele gute Vorschläge aus der Zeitung oder auch von Freunden reagiert er zunehmend mit Gedanken wie: „Wir haben es immer so und so gemacht, warum sollten wir jetzt etwas ändern?", oder: „Da könnte ja jeder kommen und irgendwas behaupten." Manchmal gleicht sein Leben einer Burg mit großen Mauern. Nichts darf hinaus und nichts kommt hinein.

Vergessen Sie niemals, dass SGIB es gut mit Ihnen meint! In der Welt laufen massenhaft Scharlatane herum, die Mist erzählen. Davor schützt Sie Ihr SGIB. Für uns ist das einerseits ein Problem, andererseits ein großer Vorteil, denn wir wollen Sie nicht zu etwas überreden. Wir wollen, dass Sie sich selbst überzeugen! Das bedeutet in der Praxis, wir werfen einige neue Ideen über Ihre Burgmauer und Sie haben dann die Wahl, ob Sie die Ideen wieder hinauswerfen oder ob Sie sie prüfen und behalten.

Mal ganz spontan zwischendurch: Welche Gedanken haben Sie in diesem Moment an das Rauchen? Und welche an das Aufhören damit? Kann es sein, dass Sie beim Rauchen die besten Gedanken haben und beim Aufhören die schlechtesten? Sind es *Was-wäre-wenn–Ängste*, die Sie plagen? Sie und Ihren SGIB? Eigentlich sollte es andersherum sein, aber SGIB denkt immer so: Denkt er ans Aufhören, kommen die schlechtesten Gefühle, die man haben kann, denkt er ans Rauchen, kommen die schönsten. Wenn es aber andersherum wäre? Wenn die schönsten Gefühle beim Gedanken an das Aufhören und die schlechtesten beim Gedanken an das Rauchen kommen? Wäre das Aufhören dann schwer? Dann wäre es schwer, die nächste Zigarette zu rauchen!

Ängste wird es im Bezug auf das Rauchen nicht mehr geben, nachdem Sie dieses Buch gelesen haben. Sie werden wissen, was in der Vergangenheit passiert ist und Sie werden wissen, was in der Zukunft passieren wird, wenn es mit Rauchen zu tun hat. Wenn alle Fakten auf dem Tisch liegen, können Sie sich aus freien Stücken gegen das Rauchen entscheiden – ohne Angst und Zweifel. Sollten Sie später zum Rauchen zurückkehren wollen, dann machen Sie das ebenfalls aus freien Stücken. Sie haben das erste Mal, als Sie das Rauchen begonnen haben, nicht gewusst, was auf Sie zukommt. Das ändert sich jetzt.

Wenn Sie sich *gegen* das Rauchen entscheiden aufgrund von Fakten, die Sie bisher nicht kannten, dann entscheiden Sie das bitte mit ganzem Herzen! Entscheiden Sie endgültig! Damit es Ihnen leicht fällt, seien Sie skeptisch, seien Sie kritisch gegenüber allem, was wir vorbringen. Seien Sie aber auch skeptisch gegenüber Ihren eigenen Glaubenssätzen im Bezug auf das Rauchen. Das wäre nur fair und es würde Sie leichter ans Ziel bringen, mit dem Rauchen Schluss zu machen. Am besten Sie betrachten uns als Freunde, die Ihnen nicht das Rauchen wegnehmen, sondern wertvolle Erkenntnisse darüber schenken wollen. Sie haben absolut nichts zu verlieren, wenn Sie *mit* uns arbeiten. Sie können dabei nur gewinnen. Hier ist weder ein türkischer Bazar, noch ein Teppichgeschäft im Räumungsverkauf. Wir werden Ihnen nichts aufschwatzen! Also geben Sie uns und sich selbst die Chance, indem Sie unsere Ideen kritisch, aber mit Offenheit prüfen.

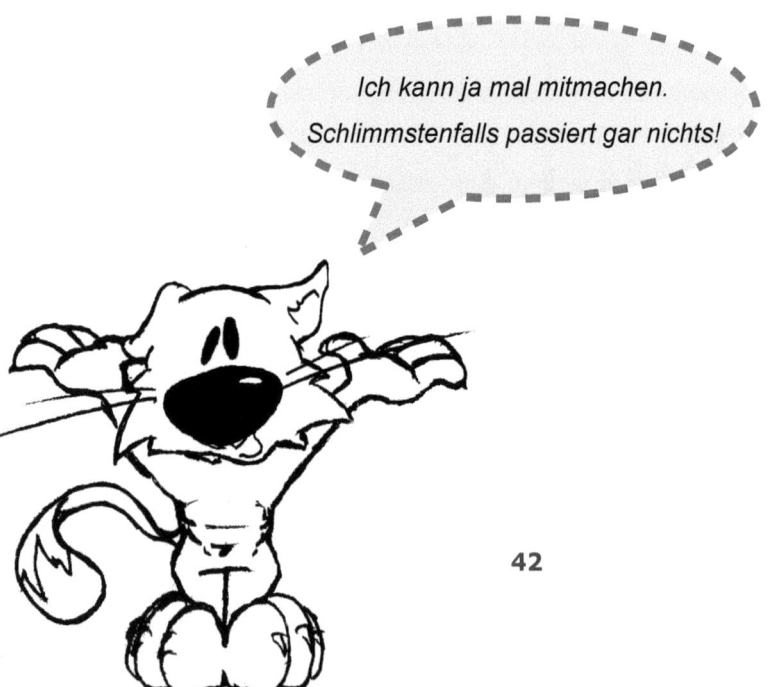

Sieben Fragen an Sie

Wie viel rauchen Sie täglich? Ab wie viel täglich gerauchten Zigaretten ist man Raucher?

In einer Standardschachtel sind 20 Zigaretten. Warum? Sind alle Raucher süchtig? Oder gibt es auch Genussraucher? Ist das Aufhören leichter, wenn man wenig raucht?

In welchem Alter haben Sie angefangen?

Die meisten Raucher haben als Jugendliche ihre ersten Zigaretten geraucht. Das Einstiegsalter sank vorübergehend bis auf etwas über zehn Jahre, in letzter Zeit steigt es wieder, weil man am Automaten einen Ausweis braucht. Aber ist man denn schon Raucher, wenn man mal eine probiert?

Wie hat die erste Zigarette geschmeckt?

Normalerweise berichten Raucher von Übelkeit, Hustenanfällen, Schwindel und Kopfweh. Das ist die normale menschliche Reaktion auf ekelerregendes Zeug. Also „geschmeckt" hat die „Erste" jedenfalls nicht! Warum sagen viele Raucher ab einem bestimmten Punkt, Zigaretten würden „schmecken"?

Genießen Sie das Rauchen?

Wenn Ihre Antwort „Ja" lautet: was genießen Sie am Rauchen genau? Genießen Sie es zum Beispiel, mit einer Tasse Kaffee eine Auszeit zu nehmen? Das ist sicher eine angenehme Situation, aber was trägt Rauchen dazu bei? Da Sie dieses Buch lesen, können Sie das Rauchen jedoch im Grunde nicht genießen. Sonst würden Sie es nicht aufhören wollen. Wie kommt es zu diesem Widerspruch?

Nach was schmeckt die Zigarette?

Es gibt fünf Geschmacksrichtungen: Süß, sauer, salzig, bitter und umami (fleischig). Wie schmecken denn Ihre Zigaretten? In eine der fünf Richtungen muss es passen, sonst können wir nicht von Geschmack reden. Tatsache ist aber, dass Raucher den Geschmack mal so und mal so beschreiben. Also wie schmeckt Rauchen wirklich? Das werden wir ergründen.

Wie lange haben Sie maximal nicht geraucht und warum haben Sie wieder angefangen?

Viele Raucher haben Zeiträume, in denen sie überhaupt nicht geraucht haben. Gehören Sie dazu? Falls ja, warum haben Sie wieder mit dem Rauchen angefangen? Gab es da einen bestimmten Grund oder einen bestimmten Moment? Hat sich durch das Rauchen dann etwas verändert? Haben Sie sich gefreut? Oder haben Sie sich vielleicht geärgert, es getan zu haben? Der Ärger würde nach der nächsten rauchfreien Periode jedenfalls wiederkommen. Das steht fest. Wir haben noch keinen Raucher getroffen, der glücklich gewesen wäre, nachdem er es zu wiederholten Mal angefangen hat.

Mit welcher Methode haben Sie schon mal aufgehört?

Haben Sie schon mal versucht, mit Nikotinkaugummis oder Nikotinpflastern aufzuhören? Oder mit Hypnose? Wenn ja, hat es funktioniert? Jedenfalls nicht durchschlagend, weil Sie ja jetzt dieses Buch auch noch gekauft haben. Wir legen Wert darauf, dass Sie Vergleiche anstellen können, deshalb erklären wir später einige Methoden. Aber erst, wenn Sie soviel vom Rauchen verstehen, dass Sie diese Methoden auch bewerten können.

Diese Fragen waren zum Warmwerden gedacht. Hatten Sie auf jede eine umfassende und befriedigende Antwort? Wenn das nicht der Fall war, was wollen Sie dann eigentlich aufhören? Das ist doch sonderbar: Sie rauchen vielleicht schon Jahre, aber Sie haben keine Ahnung, was der Genuss dabei genau sein soll. Sie wissen nicht mal, wie es schmeckt, obwohl Sie täglich mindestens 200 Züge an Zigaretten machen, wenn Sie der durchschnittliche Schachtelraucher sind. Und jetzt wollen Sie aufhören, aber wissen nicht einmal, *was* Sie aufhören wollen? Das *kann* doch gar nicht klappen.

Ahnen Sie, wie wir die Aufgabe des Rauchenaufhörens angehen werden? Der oberflächlich betrachtet vernünftige Weg schiene doch zu sein, dass wir uns die Nachteile und Gefahren eindrucksvoll vor Augen führen. Aber könnten Sie dann die Fragen besser beantworten? Sie werden diese Fragen klar beantworten können und das Wesen des Rauchens verstehen, wenn wir gemeinsam vorgehen wie angekündigt: im Stil Inspektor Columbos!

Ihre FUMITO-Listen

Die Listen, die wir Ihnen hier vorschlagen, verstehen Sie bitte als kleine Gedächtnisstütze für den Moment der Endabrechnung. Wenn Sie zum Einkaufen gehen, schreiben Sie vielleicht auch ab und zu ein paar Artikel auf einen Zettel, nur um sicher zu gehen am Ende alles dabei zu haben. Es gibt Leute, die diese Listen schon geführt und damit gute Erfahrungen gemacht haben. Vielleicht ist das bei Ihnen auch so. Den Wunsch, das Rauchen aufzuhören, haben Sie vor Augen. Dieses Buch wird Ihnen Informationen liefern, damit er auch in Erfüllung geht. Mit diesen Listen können Sie Ihre persönlichen BIG POINTS herausfinden.

+++ Erfahrungsbericht +++

Siegfried, Techniker:
[...] Ich kann zwischen Rauchern sitzen, es macht mir nichts aus (auch bei ein paar Bierchen) und es lief von Anfang an so selbstverständlich, dass es den wenigsten aufgefallen ist, dass ich aufgehört hatte. Ich kann die Raucher in meinem Umfeld eigentlich nur bemitleiden. [...].

Liste 1: Gute Gründe, das Rauchen aufzuhören

(persönliche, soziale, für mich besonders wichtige Gründe)

Aus Liste 1 ergeben sich konkrete Vorteile, die Sie als Nichtraucher haben. Sie können die Vorteile hier eintragen.

Liste 2: Vorteile, die ich genieße, wenn ich nicht mehr rauche

(persönliche, soziale, für mich besonders wichtige Vorteile)

— — —

|
|
|

|
|
|

— — —

+++ Erfahrungsbericht +++

Christine, kaufmännische Angestellte:
Jetzt ist es fast vier Jahre her, dass ich das Seminar besucht habe. Seitdem rauche ich nicht mehr und habe ganz einfach ein viel besseres Lebensgefühl. Wenn ich heute Raucher sehe, dann stören sie mich nicht. [...].

Rauchen anfangen
ist so schwierig, dass man es gar
nicht schaffen würde, wenn man sich
nicht schon als Raucher sehen würde,
bevor man es anfängt.

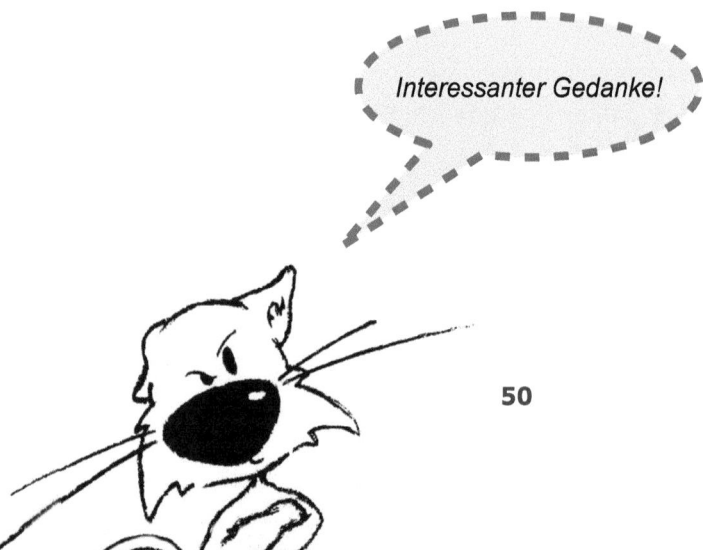

WIR BACKEN EINEN RAUCHER

Viele Raucher hoffen auf ein Wunder, wenn sie damit aufhören wollen. Am liebsten würden sie eines Tages vom Bett aufstehen und das Verlangen nach Zigaretten wäre einfach nicht mehr da. Viele unserer Seminarteilnehmer erleben den Moment, an dem sie das Rauchen richtig verstehen, als Wunder, weil in derselben Sekunde die Lust darauf verschwindet. Doch mit Magie hat das ebenso wenig zu tun, wie der besondere Moment beim Anfangen mit dem Rauchen, wenn die Kippe plötzlich *schmeckt*. Gab es *da* vielleicht ein Wunder? Irgendwas muss ja passiert sein, denn die allerersten Zigaretten haben doch nicht *geschmeckt* - oder war das bei Ihnen anders? Oder gab es etwa einen Beschluss? Haben Sie zu sich selbst gesagt, ab diesem oder jenem Datum möchte ich jeden Tag bis ans Lebensende mehrere Zigaretten rauchen, koste es, was es wolle, egal ob ich gesund bin oder krank?

Raucher zu werden hat weder etwas mit einem Beschluss, noch mit Zufall zu tun. Und leicht ist es schon gar nicht. In einem gewissen Sinn ist es so, dass man schon Raucher sein muss, bevor man sich die ersten Kippen ansteckt. Sonst würde niemand die Tortur auf sich nehmen, ein *richtiger* Raucher zu werden. Auf diese Besonderheit kommen wir noch ein paar Mal zurück.

Wie man aus einem Menschen im Normalzustand (Nichtraucher) einen Raucher macht, können Sie sich ungefähr so vorstellen, wie man einen Kuchen macht. Wir backen sozusagen einen Raucher. Wir beschreiben Ihnen jetzt die Zutaten und erklären, wie man sie zusammenrühren muss, damit es klappt. Wir beginnen mit den wichtigsten Zutaten, dann kommt das Rezept und anschließend gehen wir auf wichtige Einzelheiten des Backvorgangs ein. Fangen wir an mit der ersten Zutat: Vorbilder.

Vorbilder

Die wichtigste Voraussetzung, um überhaupt auf die Idee zu kommen, sich Verbrennungsprodukte von fermentierten Pflanzen in die Lunge zu saugen, sind Menschen, die es uns vormachen. Irgendjemand muss es uns zeigen, sonst käme niemand auf diesen sonderbaren Gedanken. Wenn Sie einen Menschen finden, der noch nie gesehen hat, wie man Zigaretten raucht, und den auf eine einsame Insel bringen, wo er ein Feuerzeug und Zigaretten findet, dann wird dieser Mensch nicht auf die Idee kommen, das Zeug anzuzünden und den Rauch davon einzuatmen. Das wäre nämlich absurd! Der Grund liegt auf der Hand.

Rauch ist lebensbedrohlich, alle Menschen fliehen instinktiv vor Rauch. Wenn ein Feuer brennt, zum Beispiel als Lagerfeuer, sieht man auch zu, dass man nicht in Windrichtung hinter dem Feuer sitzt. Und bei Zigaretten soll es plötzlich anders sein? Das ist es erst, wenn uns einige Leute, am besten Stars aus Funk und Fernsehen, die Vorteile dieser bestimmten Art der Rauchinhalation anpreisen. Dabei gäbe es viele Möglichkeiten, sich Rauch einzuverleiben. Sie könnten zum Beispiel die Gardinen von der Stange reißen, klein-schneiden, anzünden und den Rauch einatmen. Sie könnten einen Zimmerbrand legen oder auf das Dach sitzen und Ihren Kopf in den Schornstein halten. Aber das macht niemand, deshalb machen Sie es auch nicht. Halten Sie diese Beispiele für totalen Nonsens? Gäbe es Prominente oder hinreichend viele Leute, die das machen, dann würden Sie es in Erwägung ziehen.

Die ersten Vorbilder sind Eltern und Lehrer. Wenn Raucher darunter sind, sehen die Kinder, dass Rauchen eine irgendwie normale Verhaltensweise ist. Mag sein, dass es nicht immer geduldet ist und manche Leute sich darüber aufregen, aber immerhin ist es erlaubt und die Raucher scheinen einen Vorteil dadurch zu haben. Wie auch immer der genau aussehen mag. Die nächsten Vorbilder sind Freunde und Feinde. Lehrer zum Beispiel sind eine Art natürliche Feinde der Kinder. Bei Lehrern bietet es sich also an, zum Trotz zu rauchen. Ist man der Kleinste in der Clique und einige rauchen, dann *muss* man rauchen, ob man will oder nicht, um dazu zu gehören.

Schließlich präsentieren uns Medien die Stars im Film-, Sport- und Musikgeschäft als leuchtende und manchmal auch rauchende Idole. Es gibt auch Idole, die nicht rauchend Zigaretten verherrlichen, indem sie die Markenlogos zur Schau stellen. Michael Schumacher war zum Beispiel einer davon. Selbst hat er nie geraucht nach unserer Information, aber als Pilot bei Ferrari hat er im „Marlboro"-Werbeanzug schick ausgesehen. Und wenn Michael Schumacher dafür Reklame machte, dann konnte Rauchen doch nicht schlecht sein! Die rauchenden Filmstars früherer Generationen waren zum Beispiel Clark Gable oder John Wayne oder, allen voran, Humphrey Bogart. Bogarts Art zu rauchen, bei der die Zigarette selbst beim Sprechen an der Unterlippe klebt und der Rauch in die Augen zieht, hat es sogar zu einer eigenen Stilart des Rauchens gebracht. Man kann eine Zigarette „bogarten". Dazu darf man das Ding aber nie abnehmen, solange es brennt. Wenn Sie jetzt wissen wollen, wie man dabei verhindert, dass der Rauch in den Augen beißt, dann können wir nur raten: Ertragen Sie es!

Idole an der Zigarette

Es gibt viele Stars aus Funk und Fernsehen, die mit Zigaretten in Filmen zu sehen waren, oder in Glamour-Zeitungen. Weltstars wie Marlene Dietrich, Marylin Monroe, aber auch Kultfiguren wie James Bond. Falls Bond nicht raucht, dann machen es eben die wichtigsten Nebenfiguren. Auch viele Fernsehkommissare und Detektive rauchen: Sherlock Holmes, Maigret, Columbo, Tatort-Kommissare und viele andere. Sogar gezeichnete oder gebastelte Helden rauchen wie die Dampflokomotiven: Popeye, Lucky Luke, Captain Haddock von Tim und Sruppi und natürlich Lukas, der Lokomotivführer aus der Augsburger Puppenkiste. Auch Bruce Willis raucht in seinen Filmen. Passend zum Rauchen sind bei ihm manche Titel: „Stirb langsam", Teil eins bis vier. Oder Yul Brynner. Die Jüngeren werden ihn kaum noch kennen, denn er starb bereits 1985 im Alter von 65 Jahren an Lungenkrebs. Am 7. Januar 1985 gab er ein bewegendes Interview. Auf die Frage des Reporters, was er in seinem Leben gerne anders gemacht hätte, sagte Brynner: „Ich würde das Rauchen ungeschehen machen. Wir würden überhaupt nicht über Krebs reden, wenn es das Rauchen nicht gäbe. Davon bin ich überzeugt. Ich rauchte, und ich rauchte viel, seit ich ein Kind war. Das tat ich nur, damit mich alle für einen Macho hielten. Ich hatte nicht genug Hirn, um zu verstehen dass Rauchen dafür nicht ausreichen würde, dass es etwas anderes dazu braucht, um dich zum Macho zu machen. Es war mir wirklich wichtig, einen Werbespot zu machen, als ich herausfand wie krank ich war. In dem Spot sage ich nur: Jetzt, da ich tot bin, sage ich dir – rauch´ nicht! [...]".[7] Das war kurz vor dem Ende seines Lebens. Der Spot wurde erst nach seinem Tod veröffentlicht. Aber als Held in Film „Die glorreichen sieben" griff Brynner tapfer zur Zigarre. Wie die Hälfte aller Raucher glaubte auch er nicht, dass er eines Tages daran sterben könnte.

Geradezu eine Ikone, eine Kultfigur, in Sachen Rauchen ist Arnold Schwarzenegger, Schauspieler und Ex-Governator.[8] Und, nicht zu vergessen, der grandiose Sylvester Stallone, zehnfacher Träger der goldenen Himbeere in verschiedenen Kategorien.[9] Nun sollte man doch meinen, diese Stars wären Menschen wie du und ich, was das Rauchen angeht. Doch in den 1990er Jahren sind Dokumente ans Licht gekommen, die etwas ganz anderes aussagen. Zum Beispiel ein Schreiben von Sylvester Stallone an seinen Agenten:

---

7   https://www.youtube.com/watch?v=ers66SQcO8o
8   https://www.youtube.com/watch?v=ZGGfQmzZp4c
9   Die „goldene Himbeere" ist ein Anti-Oscar für besonders schlechte Leistungen im Showgeschäft. Siehe http://de.wikipedia.org/wiki/Sylvester_Stallone .

```
                                April 28, 1983

Mr. Bob Kovoloff
ASSOCIATED FILM PROMOTION
10100 Santa Monica Blvd.
Los Angeles, CA  90067

Dear Bob:

As discussed, I guarantee that I will use Brown & Williamson
tobacco products in no less than five feature films.

It is my understanding that Brown & Williamson will pay
a fee of $500,000.00.

Hoping to hear from you soon;

Sincerely,

Sylvester Stallone

SS/sp
```

Übersetzt heißt es: „Lieber Bob, wie besprochen garantiere ich, dass ich Brown & Williamson – Tabakprodukte in wenigstens fünf Spielfilmen benutzen werde. Wie ich es verstanden habe, wird Brown & Williamson dafür eine Gebühr von 500.000 Dollar zahlen."[10]

Also welche Gründe veranlassen die Stars in Filmen und im Fernsehen zu rauchen? Nur, weil sie Raucher sind? Oder sehen Sie auch andere Motive? Warum zahlen die Gesellschaften derartige Summen für ein paar Rauchszenen? Was sind die 500.000 Dollar heute wert, die Herr Stallone 1983 kassiert hat? Der Grund ist einzig und allein, dass die Nachwuchsraucher Vorbilder brauchen. *Sie* haben nur angefangen, weil Sie Vorbilder hatten! Und jetzt fangen andere an, weil

---

10 http://legacy.library.ucsf.edu/action/document/page?tid=nfu77h00

unter anderen auch *Sie* ein Vorbild geben. Die Vorbilder zeigen den Kindern: Rauchen ist cool, ist heldenhaft, macht Spaß (Kringel blasen), schafft Beziehungen („kann ich mal Feuer haben?"), tröstet, spendet Mut, hilft beim Nachdenken (denken Sie an die Kommissare), ist eine Belohnung, entspannt, ist einfach normal. All diese Bilder erzeugen eine Neugier und bei einer passenden Gelegenheit macht man eben einen Test. Vorbilder liefern die Gründe für junge Menschen, ein paar Zigaretten zu probieren. Aber sind das die echten Gründe, warum die Kinder dann mehrere Schachteln rauchen? Oder warum *Sie* immer noch rauchen? Schauen wir erst mal, was nach den ersten Tests passiert.

Aller Anfang ist schwer

Was würden rauchende oder dampfende Eltern ihrem Kind wohl sagen, wenn es fragt, warum sie rauchen? Wahrscheinlich würden sie gute Gründe anführen, wie es die Vorbilder eben machen. Zum Beispiel: Es schmeckt, es entspannt, es ist ein Genuss. Logisch wäre nun der Wunsch des Kindes, dass es das auch haben will: „Papa, ich will auch diesen schmackhaften Rauch zu mir nehmen, mich dabei entspannen und Genuss haben!" Wie hört sich daraufhin die Antwort an? Es werden wohl Warnungen sein: „Das darfst du nicht, weil es viel Geld kostet, stinkt und krank macht." Was kommt also beim Kind an? Etwas in der Art vielleicht: „Aha, ihn entspannt es, aber mich macht es krank!" Ein besonders krasses Beispiel von Erwachsenenlogik ist das. Wer könnte eine derart widersprüchliche Haltung ernst nehmen? Kinder jedenfalls nicht! Was bekommt das Kind aber zu hören? Nur Warnungen und Verbote!

Die Folge ist, dass die Kinder es eben heimlich probieren. Im Wald, auf dem Dachboden, hinter der Garage. In den allerseltensten Fällen macht man das allein. Üblicherweise sind Kumpels oder ein bester Freund mit dabei. Alleine bringen die wenigsten den Mut auf und einer muss ja „Schmiere stehen". Beim Test kommt dann die große Überraschung: Nichts passiert, denn Kinder verhalten sich erst mal normal und paffen. Wie gesagt kommt kein Mensch von selbst auf die Idee, den Rauch einzuatmen. Aus der Sicht der erfahreneren Altersgenossen machen sie es falsch. Diese geben dann Tipps: „Du musst es einatmen", dann kommt die zweite Überraschung: Das Zeug ist ekelhaft, man muss Husten, es wird einem schwindelig, mancher übergibt sich gar. Jetzt haben die Anfänger ein Problem. Statt den Rauch cool und mit lässiger Pose durch die Nase wieder hinaus zu blasen, geben sie ein Bild des Elends ab. Deshalb üben, üben, üben und üben sie, bis sie es so hinbekommen wie die älteren Experten. Manche schaffen es nie und schämen sich dafür. Doch siehe da, irgendwann kommt ein magischer Moment. Plötzlich *schmeckt* die Zigarette!

Ab diesem Moment ist das Raucherschicksal für einige Zeit vorgezeichnet. Mit jeder weiteren gerauchten Zigarette scheinen die Warnungen vor Krankheiten widerlegt zu sein. Als Raucher würde sich der Anfänger niemals bezeichnen, denn er raucht ja auch mal einen Tag oder sogar eine Woche überhaupt nicht. Aber Tatsache ist, dass der magische Moment der Beginn der Abhängigkeit ist. Nennen wir es mal so, obwohl es natürlich keine Abhängigkeit von einem tödlichen Giftcocktail geben kann. Das Leben ist vom Gegenteil abhängig, von reiner Luft!

Lassen Sie uns kurz zu der Behauptung zurückkommen, die wir am Anfang des Kapitels aufgestellt haben: Raucher wird man nur, wenn man sich bereits ganz deutlich als Raucher sieht, bevor man sich die erste Zigarette ansteckt! Wer sich nicht irgendwie sicher ist, dass das Rauchen einen ganzen Kerl oder eine Dame von Welt aus ihm oder ihr macht, der oder die würde die Strapazen des Anfangs doch nicht auf sich nehmen, oder? Vorbilder machen aus Kindern Raucher, bevor die es überhaupt probieren! Das machen die Vorbilder, ob sie wollen oder nicht (Eltern wollen keine Raucher aus ihren Kindern machen, auch wenn sie selbst rauchen) und ob sie dafür bezahlt werden oder nicht!

> *Raffiniert! Und heute raucht der Stallone Zigarren auf Titelblättern von Zeitschriften ...*

+++ **Erfahrungsbericht** +++

Claudia, 22 Jahre Raucherin:
[...] Ich liebe es, nicht zu rauchen. Und ich gehe trotzdem immer wieder mal einfach für fünf Minuten raus. Da geniesse ich dann tatsächlich frische Luft und meine Freiheit. [...].

+++ **Erfahrungsbericht** +++

Wolfgang G., 17 Jahre Raucher:
[...] Ich rauche nicht mehr. Ich habe mir fest vorgenommen, auf nichts zu verzichten. D.h. ich würde sofort wieder anfangen, wenn ich das Gefühl hätte, ich müsste auf irgendwas verzichten. Aber das habe ich nicht. Im Gegenteil. Ich gewinne. Immer mehr. [...].

Rauchen: Sucht oder Gewohnheit?

„Ich könnte jederzeit damit aufhören", sagen Leute, die süchtig sind, aber noch nichts davon wissen. Doch woran lässt sich eine Sucht erkennen? Könnte Rauchen vielleicht eine Gewohnheit sein? Viele Raucher sagen spontan, es wäre eine Sucht und man könne nur schwer dagegen ankommen. Auf genauere Nachfragen beschreiben sie dann jedoch eine Gewohnheit. Also selbst, wenn Raucher den Begriff „Sucht" gebrauchen, glauben sie immer noch, sie hätten eben eine schlechte Angewohnheit entwickelt über die Jahre hinweg. Rauchen sei eher eine Gewohnheit, eine schlechte zwar, doch eine Gewohnheit – nicht so schlimm. Ebenfalls weit verbreitet ist die Annahme, Rauchen sei beides, Sucht und Gewohnheit. Wir müssen der Sache auf den Grund gehen, denn für alles Weitere ist es wichtig, den Unterschied zwischen Gewohnheit und Sucht klar zu verstehen.

Wenn Rauchen eine Gewohnheit wäre

Wenn Rauchen eine Gewohnheit wäre, was würde das bedeuten? Was ist überhaupt eine Gewohnheit? Sie können es sich zum Beispiel zur Gewohnheit machen, mit dem Fahrrad zur Arbeit zu fahren. Es würde Ihnen vermutlich keine Mühe bereiten, ausnahmsweise mit dem Bus zu fahren, wenn das Wetter schlecht ist. Wenn Sie Urlaub haben, würden Sie gar nicht fahren. Hat ein Raucher jemals Urlaub von seinen Zigaretten? Das wäre uns neu.

Wie sieht es aus mit Ihrer Leibspeise? Wie oft essen Sie die? Würden Sie das Gericht immer noch gerne haben, wenn es nur noch Ihr Leibgericht gäbe? Zum Beispiel Dampfnudeln zum Frühstück, Dampfnudeln mittags, Dampfnudeln zur Kaffeepause und Dampfnudeln am Abend. Jeden Tag, jede Woche, jahraus, jahrein nur noch Dampfnudeln. Wahrscheinlich können Sie nach zwei Wochen keine Dampfnudeln mehr sehen. Aber Zigaretten? Jeden Tag Zig davon, 365 Tage im Jahr und immer mehr davon. Sie werden *nie* genug haben! Das ist ein wichtiger Unterschied zwischen Sucht und Gewohnheit. Vom Einen reicht es irgendwann, beim Anderen gibt es kein Ende, keine Pause und keine Grenzen.

Haben Sie ein Hobby? Tanzen gehen zum Beispiel oder Karate oder Angeln. Wenn Sie wüssten, die nächsten drei Wochen kommen Sie nicht dazu, Ihrem Hobby nachzugehen, wäre das eine Katastrophe? Es wäre vielleicht schade, aber nicht schlimm. Bei Zigaretten würden Sie es nie soweit kommen lassen, dass Sie drei Wochen keine haben. Damit das nicht passiert, gibt es bestimmte Routinehandlungen in Ihrem Leben, Beschaffungsgewohnheiten sozusagen: Der Weg zum Automaten, zur Tankstelle, zum Zigarettenhändler am Bahnhof. Das sind Ihre Gewohnheiten im Bezug auf das Rauchen. Aber das Rauchen selbst? Falls Ihr Lieblingskiosk zumacht, dann haben Sie morgen einen neuen – eine neue Gewohnheit. Aber denken Sie nochmal an Ihr Hobby: Wenn Sie zum Beispiel begeisterter Angler sind, können Sie sich vorstellen zu sagen: „Ja, ich liebe das Angeln. Früher war ich jeden Tag am Gewässer, aber jetzt bin ich glücklich, dass ich mein Angeln auf ein Mal die Woche reduzieren konnte." Da stimmt doch was nicht!

Wie wir es auch wenden mögen, beim Rauchen passt der Begriff „Gewohnheit" nicht recht. Eine Gewohnheit zu ändern oder auszusetzen, erfordert nicht einmal, dass Sie darüber groß nachdenken müssen. Wenn Sie Urlaub haben, dann bleiben Sie eben zu Hause. Oder fahren Sie trotzdem Ihr Auto auf den Firmenparkplatz, weil Sie ein Zwang dazu treibt?

Nun gut, dann ist es eben keine Gewohnheit, aber dass Rauchen eine Sucht sein soll, das geht den meisten Rauchern doch zu weit. Zumindest für diejenigen unter ihnen, die Sucht mit Vorstellungen vom totalen sozialen Absturz und schnellen körperlichen Verfall verbinden. Wenn also Rauchen eine Sucht im Sinne einer Krankheit sein soll, dann *haben* sie es eben nicht so sehr wie andere Leute. Könnte doch sein, dass manche Süchtige einen leichteren Verlauf der Krankheit haben und andere einen schweren. Schauen wir, was die Suchtmediziner dazu sagen:

Ganz überzeugt bin ich ja noch nicht, aber es könnte was dran sein an dem, was die beiden so alles behaupten.

Ist Rauchen eine Krankheit?

In der „Internationalen Klassifikation der Krankheiten und verwandter Gesundheitsprobleme" (ICD) wird Rauchen unter Buchstabe F, Ziffer 17 geführt: „Psychische und Verhaltensstörungen durch Tabak"[11]. Eine Person kann danach als „süchtig" diagnostiziert werden, wenn drei der folgenden Merkmale zu beobachten sind:

→ Die Person verspürt ein **starkes Verlangen**, die Droge zu konsumieren.

→ Die Person entwickelt eine **Toleranz**: Sie benötigt immer größere Mengen der Droge, um die gewünschte Wirkung zu erzielen.

→ Die Person hat Probleme damit, ihr Verhalten in Bezug auf die Droge zu **kontrollieren**: Es fällt ihr schwer, sich an eine festgelegte Dosis zu halten.

→ Wird die Menge reduziert oder die Droge abgesetzt, treten körperliche **Entzugserscheinungen** auf.

→ Die Person **vernachlässigt** zunehmend ihren Beruf sowie soziale Kontakte und Interessen, die ihr vorher wichtig waren.

→ Obwohl die Person weiß, dass der Konsum bereits zu sozialen, körperlichen oder psychischen Schäden geführt hat, ist sie **nicht in der Lage, die Sucht zu stoppen**.

→ Die Person entwickelt immer mehr eine **Konsumroutine**.

Gehen wir es durch im Bezug auf Zigaretten: Wie viele haben Sie gestern geraucht? An wie viele davon können Sie sich konkret erinnern? Wenn es nicht alle sind, dann haben Sie eine **Konsumroutine**

---

11 http://www.icd-code.de/icd/code/F17.2.html

entwickelt. Sie merken nicht mal mehr, dass Sie rauchen. Obwohl Sie husten, rauchen Sie unverdrossen? Also sind Sie **nicht in der Lage, die Sucht zu stoppen**, obwohl Sie die negativen Folgen bereits spüren. **Vernachlässigen** Sie manchmal sogar Ihre Arbeit, weil Sie eine Zigarettenpause machen? Sind bei Ihnen schon **Entzugserscheinungen** aufgetreten? Mehr, als Sie glauben, aber das behandeln wir im nächsten Kapitel. **Kontrollieren** Sie Ihren Zigarettenkonsum oder bestimmt die Zigarette Ihren Alltag? Würden Sie die Kontrolle ausüben, dann hätten Sie sich dieses Buch nicht besorgt. Dann die **Toleranz**. Haben Sie nicht am Anfang Ihrer Raucherlaufbahn weniger geraucht, als heute? Und das **Verlangen**? Wie sieht es damit aus, wenn Sie drei Tage nicht rauchen dürfen? Es deutet also einiges darauf hin, dass Rauchen eine Sucht ist.

Mit dieser Definition haben wir eine Beschreibung, wie sich eine süchtige Person verhält. Aber sagt uns das etwas über die Ursache, damit wir konkret etwas dagegen unternehmen können? Bei einer Grippe zum Beispiel wissen wir genau, wo es herkommt, nämlich von einem Virus. Wir wissen auch, dass ein ansonsten gesunder Mensch mit dem Virus in den meisten Fällen gut alleine fertig werden kann. Außerdem kennen wir die Symptome, die zu einer Grippe gehören. Fieber etwa. Wenn das Fieber bedrohlich hoch bleibt, besorgen wir ein Antibiotikum. Bei einer normalen Krankheit haben wir also Ursache, Anzeichen und Mittel, um dagegen vorzugehen. Aber bei einer Sucht?

Beim Thema Sucht herrscht unter den Gelehrten ein heilloser Streit[12] darüber, ob es überhaupt eine Krankheit ist, welche Ursache sie dann hätte und welche Mittel dagegen helfen. Kennen Sie das Problem des Mannes mit dem Hammer? Er hat als einziges Werkzeug einen Hammer zur Verfügung und betrachtet irgendwann jedes Problem als Nagel. Fragen Sie einen Pharmazeuten nach einem Mittel gegen das Rauchen, dann wird er vermutlich eine Pille anbieten. Fragen Sie einen Psychoanalytiker, wird er vermutlich eine Psychotherapie vorschlagen. Aber können Sie sich vorstellen zum Arzt zu gehen und zu sagen: „Doktor, ich habe das Rauchen"?

Mit der Krankheitstheorie kommen wir nicht viel weiter. Vielleicht hilft es, wenn wir *echte* Süchtige einmal genau betrachten. Sie werden zustimmen, dass Heroinjunkies und Alkoholiker *echte* Süchtige sind.

---

12 Besonders erbittert wird dieser Streit beim Thema Alkohol geführt. Sie können dazu folgendes Buch lesen: Herbert Fingarette: Heavy Drinking. The Myth Of Alcoholism As A Disease; London 1988.

+++ Erfahrungsbericht +++

Stephan, IT-Manager:

Ehrlich… ich hätte nicht geglaubt, dass Ihr Seminar mich zum Nichtraucher werden lässt, aber seitdem habe ich kein Verlangen mehr nach einer Zigarette. […]. Die ersten Tage waren etwas schwieriger, da einige „Nebenwirkungen" zu überstehen waren, aber es ging alles ohne „Schmerzen" ab. Die ersten Belohnungen habe ich mir auch bereits gegönnt!
Herzlichen Dank für eine rauchfreie Zukunft!

Warum sollte es für mich eigentlich nicht auch so einfach sein, wie für diesen Manager?

Wie wird man drogensüchtig?

Wollen Sie heroinsüchtig werden? Kein Problem, wir erklären Ihnen wie es geht. Wenn Sie am Ende an der Nadel hängen wollen, dann müssen Sie zunächst einen Freundeskreis finden, in dem das Fixen als normal angesehen wird. Dann bekommen Sie bestimmt mal ein wenig Stoff geschenkt oder untergejubelt. Plötzlich sehen Sie Farben, die Sie noch nie gesehen haben, fühlen sich wohl, wie Sie sich noch nie gefühlt haben. Sie sind begeistert von dem Erlebnis. Leider hört es irgendwann auf. Der öde Alltag kehrt wieder ein. Eine Wiederholung des tollen Erlebnisses würde Ihnen wirklich gefallen, also fragen Sie Ihren Freund, ob er Ihnen nicht nochmal was geben könnte von dem irren Pülverchen. Sie bekommen gerne nochmal davon, aber nach dem Schnupfen oder Spritzen will sich das Hochgefühl nicht mehr ganz so einstellen, es geht auch schneller wieder vorbei. Sie fragen Ihren Freund, was er Ihnen diesmal gegeben hat, doch er versichert, es sei genau dasselbe wie beim ersten Mal gewesen. Der Grund für Ihre Enttäuschung sei, so wird er erklären, dass man beim zweiten Mal eine größere Menge von dem Pülverchen braucht, damit es so einschlägt wie beim ersten Mal. Sie bitten um die entsprechende Menge, die Sie wieder gerne bekommen, diesmal aber gegen einen gewissen Obolus.

Mit der größeren Menge Stoff sehen Sie die Farben wieder so toll wie beim ersten Mal, aber nachher wird Ihnen übel. Sie haben Schüttelfrost und leiden an Bauchkrämpfen. Wie schön wäre doch gerade jetzt das Wohlgefühl, das von dem magischen Pülverchen kommt. Sie erhalten auch die gewünschte Menge, nur kostet es jetzt den normalen Preis. Den sind Sie gerne bereit zu zahlen, weil die Übelkeit mit dem Pülverchen im Handumdrehen verschwindet. Diese ganz bestimmte Übelkeit nennen Junkies auch „Affe", weil sie mit oft mit Schüttelfrost einhergeht. Es gibt noch ein anderes Wort dafür: Entzugserscheinungen! Bevor Sie nun urteilen, dass die letzten Zeilen völlig aus der Luft gegriffen sein müssen, weil niemals jemand so dumm sein könnte, sich Heroin zu spritzen, nur um die Belästigung durch den Entzug wieder los zu werden, lesen Sie den authentischen Bericht von Andreas Niedrig: „Junkie ist ein harter Job. Ich war 24 Stunden für die Droge unterwegs, klaute Sachen und verscherbelte sie. Mit dem Geld besorgte ich mir den Stoff für den nächsten Schuss, jagte ihn in meinen kaputten Körper und schlief, bis der nächste Affe mich wieder auf die Reise schickte, um was zu klauen. Den ganzen Tag war ich damit beschäftigt und unterwegs."[13] Das bedeutet, ein Junkie fixt nur, um seinen „Affen" – die Entzugserscheinungen – wieder los zu werden. Wir zitieren eine weitere Stelle aus dem Bericht von Andreas Niedrig: „Der Süchtige nimmt die Droge nicht, um am Wochenende mal mit einem breiten Grinsen durch die Gegend zu laufen und Spaß zu haben. Er benutzt die Droge, um ein schlechtes Gefühl zu verdrängen."[14]

Macht es vor diesem Hintergrund Sinn, Fixer zu werden? Bringt es dem Fixer irgendeinen Vorteil, dass er ein derartiges Leben führt? Da Heroin eine illegale Droge ist, muss man außerdem ein Leben in der Kriminalität in Kauf nehmen. Das ist schon extrem. Wie wäre es mit einer legalen Alternative? Wollen Sie vielleicht Trinker werden? Kein Problem, wir erklären Ihnen wie es geht.

---

13 Jörg Schmitt-Kilian; Andreas Niedrig: Vom Junkie zum Ironman; München 2007; Seite 79.
14 Siehe Anmerkung 12; Seite 62.

Genauso wie der Nachwuchsfixer braucht der Nachwuchstrinker zunächst ein gesellschaftliches Umfeld, in dem das Trinken von Alkohol als normal gilt. Zum Beispiel Deutschland. Nur drei Prozent der Bundesbürger trinken nie. Es ist nicht besonders schwer, eine Umgebung zu finden, in der etwas mehr als normal getrunken wird. Dort finden Sie die sogenannten Pegeltrinker. Das sind Leute, die ein gewisses Maß an Alkohol brauchen, um normal zu funktionieren. Solche Menschen gibt es in allen Schichten der Bevölkerung. Haben sie zu wenig oder noch gar keinen Alkohol im Kreislauf, dann erkennt man sie am Zittern. Trinken sie einen Schluck, geht das Zittern weg. Das Motiv für das Trinken ist damit dasselbe, wie beim Fixer für das Fixen: der Trinker will einfach eine Zeit lang Ruhe haben vor den Entzugserscheinungen.

Was die Suchtdynamik angeht, besteht kein Unterschied zwischen Trinkern und Fixern. Nur dauert es beim Alkohol länger bis sich die körperlichen Entzugserscheinungen zeigen. Ein weiterer Unterschied ist, dass der Entzug beim Alkohol „Kater" heißt; noch einer wäre, dass das Trinken im Gegensatz zum Fixen gesellschaftlich unproblematisch ist. Niemand beschwert sich, wenn jemand mit einer Flasche Bier herumläuft. Es würde anders aussehen, wenn jemand in der Fußgängerzone sein Spritzbesteck auspackt.

Betrachten wir diese Sucht*dynamik*, dann werden bald starke Ähnlichkeiten mit dem Rauchen zutage treten. Von außen betrachtet ist es völlig unverständlich, warum sich Menschen so etwas antun. Doch wie sieht die Welt eines Fixers oder eines Pegeltrinkers von innen aus? Außenstehende sehen sofort, dass das Trinken oder Fixen die Probleme dieses Menschen nur vergrößern *durch* den Drogenkonsum. Aber warum fixt der Fixer, trinkt der Trinker unverdrossen weiter, obwohl es ihn ins Verderben zieht? Betrachten wir dazu das Grundelement jeder Suchtkarriere, den Trip.

Vom Trip zur Sucht

Ein Trip ist das, was *jede* Droge bei *jedem* Konsum verursacht:

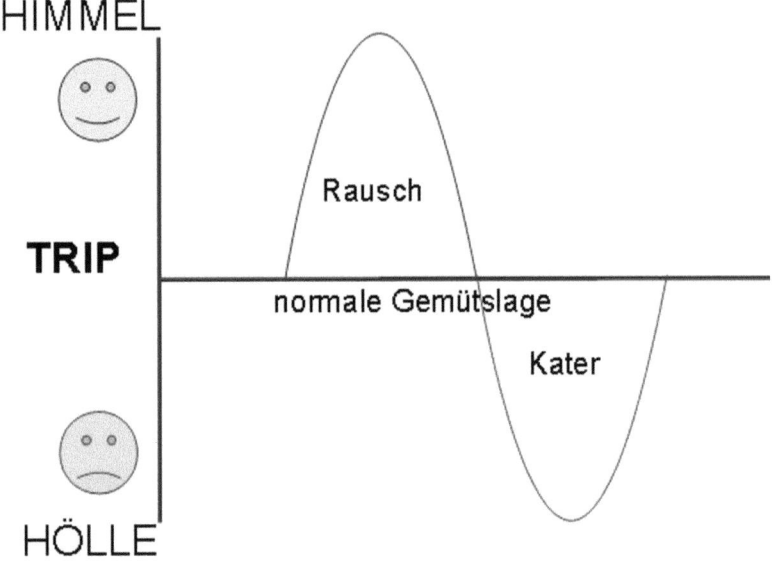

Die zeitliche Dimension lassen wir erst einmal außer Acht. Wichtig ist der Normalzustand! Jeder Mensch hat für sich einen Normalzustand, in dem er sich wohl und unbelastet fühlt. Ab und zu freut uns etwas, dann geht es uns besser als normal, ab und zu ärgern wir uns, dann geht es uns schlechter. Nach der Freude oder dem Ärger fühlen wir uns wieder normal. Wer einen Trip nimmt, erlebt alles auf einmal. Ein Trip ist wie eine Pauschalreise *all inclusive*. Zuerst kommt ein Rausch, dann ein Kater. Kein Teil der Reise kann abgewählt, keiner optional dazu gebucht werden. Den Trip gibt es nur als Pauschale.

Ein paar Trips später ändert sich etwas. Die Orientierung geht verloren. Der Junkie weiß nicht mehr wie es war, als es ihm *normal* ging. Dann kann er auch nicht mehr einschätzen was „Himmel" und was „Hölle" ist. Er weiß nicht mehr, wann es ihm gut und wann es schlecht geht. Es gibt nur noch *besser* und *schlechter*. Das ist ein fundamentaler Unterschied. Es geht ihm *nie mehr gut*!

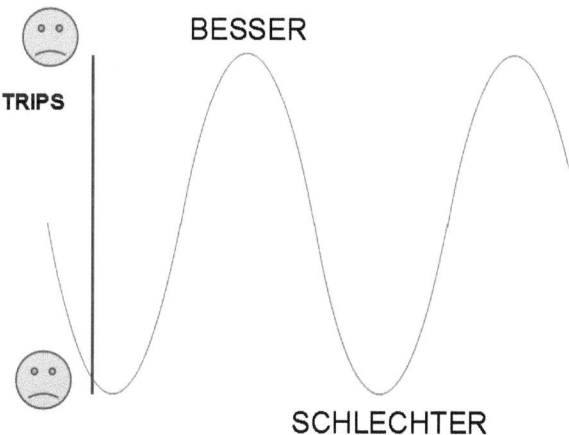

Stellen wir uns nun einen Pegeltrinker vor, dessen letzter Schnaps schon ein paar Stunden her ist. Er wird ihm schlecht*er* gehen und wahrscheinlich wird er zittern. Wenn er nun das Zittern los werden will, was wird er tun? Er wird sich irgendwie Alkohol beschaffen, weil er weiß, dass das Zittern verschwindet, wenn er ein paar Schluck trinkt. Er denkt also: „Ich trinke, dann geht's mir wieder besser." Diese Logik ist die Logik eines Süchtigen. Aber von außen betrachtet, wenn wir völlig nüchtern auf den Trip schauen, dann erkennen wir, dass er zittert, *weil* er trinkt.

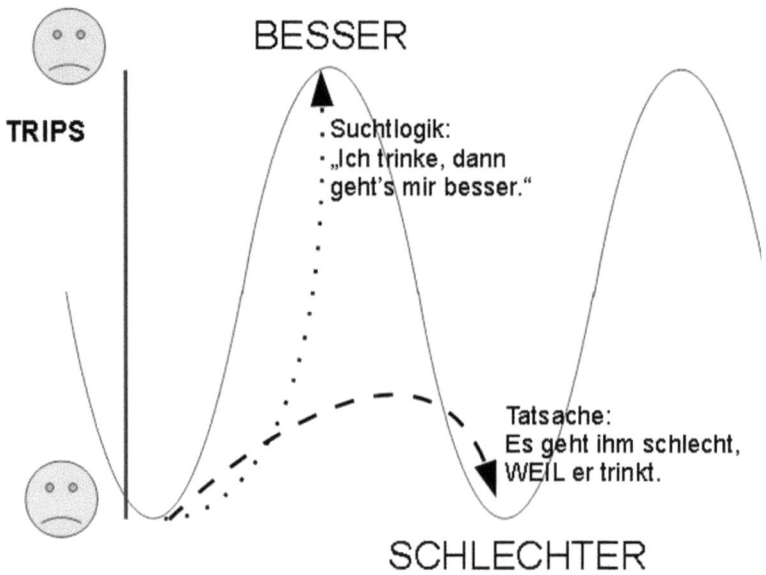

Was würden Sie sagen, wann ist für einen süchtigen Trinker der Zeitpunkt gekommen, wieder zu trinken? Doch in dem Moment, wenn es ihm schlecht geht, wenn das Zittern kommt oder das schlechte Gewissen, also in dem Moment, in dem er in der Hölle ist. Auf Entzug! Die Droge wird dann dafür sorgen, dass die Entzugserscheinungen, die sie selbst verursacht hat, wieder verschwinden.

Erinnern Sie sich noch an SGIBs Problem? Er *weiß*, dass ihm das Rauchen schadet, aber er hat *Erfahrungen*, dass es ihm gut tut! Mit jeder Zigarette, die sein Besitzer raucht, bestätigt er diese Erfahrungen, indem er die Entzugserscheinungen von der letzten Zigarette beseitigt. Doch das ist SGIB in dieser Form nicht bewusst. Er glaubt, das Rauchen vertreibe Langeweile, helfe der Konzentration und vieles mehr. Sie werden das bald noch viel deutlicher sehen.

Je schneller die Wirkung einer Droge eintritt, also im Klartext: je schneller sie die Entzugserscheinung beseitigt, die sie selbst hervorgerufen hat, desto höher ist das Suchtpotenzial des Stoffes. Desto kürzer ist der Weg in die Sucht, denn nun stellt der Junkie oder der Trinker fest: „Aha, ich konsumiere und es geht mir besser." Aber was war eigentlich „normal"? „Normal" gibt es nicht mehr, es gibt auch kein „gut" oder „schlecht" mehr, sondern eben nur noch „besser" und „schlechter" auf der schiefen Ebene in den Abgrund.

Dass es bergab geht, hat zwei Gründe: Die Droge macht den Süchtigen psychisch fertig (schlechtes Gewissen, Angst, Mutlosigkeit, Scham und solche Dinge) und die Beifracht besorgt den körperlichen Rest. Bei Heroin sitzt schnell mal ein kleiner Pilz in der Nadel, beim Alkohol macht die Droge den Job gleich mit, denn Alkohol ist ein Zellgift, das die Zellen direkt schädigt.

Das Problem des süchtigen Trinkers oder des Junkies ist, dass er die Ursache für seinen immer wiederkehrenden schlechten Punkt nicht erkennt. Er sieht nicht, dass es zwangsläufig dazu kommt, wenn er sich den nächsten Trip besorgt. Aber für jemanden, der es von außen betrachtet, ist der kausale Zusammenhang überdeutlich: wenn er nicht trinken würde, hätte er den schlechten Punkt nicht! Ahnen Sie bereits, dass es beim Rauchen genauso ist? Nehmen wir an, es wäre so, und Sie hätten nur diese Information über die Suchtdynamik gehabt, hätten Sie gesagt: „Ja, das will ich haben"? Nie im Leben! Deshalb lässt sich sagen: *Sie hatten keinen freien Willen, als Sie das Rauchen anfingen!* Es fehlten Ihnen wichtige Informationen, die Sie für eine gute Entscheidung benötigt hätten! Stattdessen wurden Sie von Freunden und Feinden überredet und von den Tabakgesellschaften in die Irre geführt!

Trinken hilft nur dem Trinker, Fixen hilft nur dem Fixer

Der Trinker hat auf alle Fragen des Lebens zunächst die eine Antwort: „Trinken wir erst mal ein Bierchen." Egal, was gerade ist, er wird immer zur Flasche greifen. Für ihn ist das die Lösung, oder die Voraussetzung, um überhaupt in die Gänge zu kommen. Wenn nun ein Nichttrinker dasselbe Problem hat wie ein Trinker, wird es dem Nichttrinker helfen, wenn er trinkt? Nein! Es würde nur dem Trinker vorübergehend helfen. Der Nicht-Pegeltrinker wird kaum etwas zu Wege bringen, wenn er eins oder zwei Bier intus hat. Würden Sie einem Fixer glauben, wenn er Ihnen sagt, Sie sollten sich erst mal eine Ladung in die Vene drücken, wenn Sie dieses oder jenes Problem lösen wollen? Aber dem Fixer wird es helfen! Er kann sich dadurch in einen Zustand versetzen, in dem der Nicht-Fixer *immer* ist! Nämlich in den *Normalzustand*. Genauer gesagt, in den Normalzustand abzüglich der bereits vorhandenen psychischen und körperlichen Schäden.

Was will der Trinker, was will der Junkie?

Wie der Trinker erst mal seine Flasche braucht, so braucht der Junkie seinen Stoff, bevor er etwas machen kann. Der Trinker könnte jederzeit alkoholfreies Bier nehmen, mittlerweile gibt es sogar alkoholfreien Wein. Aber das macht er nicht, weil er den Alkohol braucht – *weil er glaubt*, dass er ihn braucht. Beim Fixer ist es dasselbe. Er könnte sich ebenso gut Kochsalzlösung injizieren, wenn es ihm nur um das Piecksen ginge. Aber er brauch das Heroin – *weil er glaubt*, dass er es braucht.

Und worum geht es nun dem Raucher? Geht es um den Qualm? Wenn es um den Qualm ginge, könnten Sie auch nikotinfreie Zigaretten rauchen. Machen Sie aber nicht! Oder Sie könnten Ihre Vorhänge rauchen, aber das machen Sie erst recht nicht. Damit sind wir bei der schlechten Nachricht: Rauchen ist eine echte Sucht! Es geht um das Nikotin, sonst nichts! Die Sucht*dynamik* unterscheidet sich fast nicht von Heroinsucht oder Alkoholsucht. Die Stoffe haben unterschiedliche Wirkungen, aber die Sucht ist dieselbe.

Für die Tabakgesellschaften ist das alles nichts Neues. Im Jahr 1972 schrieb William L. Dunn im „Philipp Morris" – Forschungszentrum in Richmond, Virginia[15]:

---

15 http://legacy.library.ucsf.edu/tid/ciw56b00/pdf?search=%22dunn%20nicotine%20package%22

"The cigarette should be conceived not as a product but as a package. the product is nicotine. The cigarette is but one of many package layers. There is the carton, which contains the pack, which contains the cigarette, which contains the smoke. The smoke is the final package. The smoker must strip off all these package layers to get to that which he seeks.... Think of the cigarette pack as a storage container for a day's supply of nicotine.... Think of the cigarette as a dispenser for a dose unit of nicotine.... Think of a puff of smoke as the vehicle of nicotine.... Smoke is beyond question the most optimized vehicle of nicotine and the cigarette the most optimized dispenser of smoke."

Auf Deutsch: „Zigaretten sollten nicht als das Produkt, sondern als eine Verpackung angesehen werden. Das Produkt ist Nikotin. Die Zigarette ist nur eine von vielen Verpackungsschichten. In der Stange ist die Schachtel, darin sind die Zigaretten und darin ist der Rauch. Der Rauch ist die letzte Verpackung. All diese Schichten muss der Raucher überwinden, bis er an das kommt, was er will ... Stellen Sie sich eine Zigarettenschachtel als eine Tagesration Nikotin vor. Stellen Sie sich die Zigarette als Dispenser für eine Dosis Nikotin vor. Stellen Sie sich den Rauch eines Zuges an der Zigarette als das Vehikel für das Nikotin vor. Ganz ohne Zweifel ist Rauch das optimale Transportmittel für Nikotin und die Zigarette der optimale Dispenser für Rauch." Im gleichen Dokument von Herrn Dunn heißt es später:

1) No one has ever become a cigarette smoker by smoking cigarettes without nicotine.

Übersetzt: „Niemals wurde jemand zum Raucher indem er Zigaretten ohne Nikotin rauchte." Sie können ganz einfach den Test machen:

Gehen Sie morgen in die Apotheke und verlangen Sie Kräuterzigaretten. Das gibt es! Kann allerdings sein, dass Ihr Pharmazeut das erst bestellen muss, weil es niemand haben will! Also probieren Sie ganz einfach mal das Kräutergemisch und überlegen Sie sich, ob Sie die Marke wechseln wollen.

Wäre kein Nikotin in den Zigaretten, würden Sie nicht rauchen!

Die schlechte Nachricht

Raucher sind süchtig nach Nikotin. Sie sind nach Nikotin so süchtig, wie ein Pegeltrinker nach Alkohol oder ein Junkie nach Heroin. Fixen, Trinken und Rauchen sind völlig unterschiedliche Dinge, aber die Suchtdynamik ist fast dieselbe. Das ist zwar eine schlechte Nachricht, aber sie dient sehr dazu, den Gegner besser einschätzen zu können. Sie betrachten die Zigarette ja *auch* als Gegner, sonst würden Sie das nicht lesen.

Der wesentliche Unterschied zwischen Rauchen, Fixen und Pegeltrinken ist der, dass Rauchen am Anfang extrem ekelhaft ist. Beim Alkohol kann man sich langsam an die Sache herantrinken. Über Mischgetränke wie Radler oder Limonade mit Schnaps. Ginge das nicht, gäbe es weniger Trinker. Wenn ein Kind versehentlich Schnaps probiert, weil es neugierig darauf ist, was die Erwachsenen da zu sich nehmen, dann wird es ihn wieder ausspucken. Servieren Sie den Schnaps in kleinen Mengen mit Limonade, merkt man den Stoff nicht mal. Beim Heroin wird der Dealer darauf achten, dass Ihr Erstkonsum über ein bekanntes Medium erfolgt, zum Beispiel über eine Bong, eine spezielle Wasserpfeife. Auf die intravenöse Methode werden Sie später von selbst umsteigen, wenn Sie tief in der Sucht stecken. Bei Zigaretten war es vor einigen Jahren aber noch so, dass es kein Puffermedium gab. Man war von Anfang an gezwungen, den Rauch direkt einzuatmen. Das Paffen bei den allerersten Zigaretten ist ja schon schlimm genug, aber der erste Lungenzug gibt den meisten Anfängern den Rest.

Das ändert sich in letzter Zeit durch Shishas und E-Zigaretten. Hier kann man die Droge kennenlernen ohne das Kratzen und Beißen beim ersten Lungenzug. Aber auch wenn das heutzutage viel leichter geht, wird das überwältigend schöne Gefühl beim ersten Konsum von Nikotin ausbleiben. Das hat den einfachen Grund: ein schönes Gefühl gibt es nicht bei Nikotin! Nikotin schenkt keinerlei angenehme Gefühle, es sorgt nur für Entzugserscheinungen ... *und deren Beseitigung*. Aber das so schnell wie kein anderes Gift! Nicht mal Heroin. Wir kommen darauf noch zurück.

Nikotin finden wir in der Tabakpflanze. Die ist heimisch in Amerika. Zur Verteidigung gegen Raupen verwendet sie das Nervengift Nikotin. Die chemische Formel lautet $C_{10}H_{14}N_2$. Bereits 50 Milligramm (*Tausendstel*gramm) davon können für einen erwachsenen Menschen tödlich sein. Das ist soviel wie ein Quadratzentimeter Kopierpapier wiegt. So gut wie gar nichts! Aber keine Sorge, beim Rauchen fällt so eine Menge nicht an. Sie müssten Ihre Zigaretten schon aufessen. Das käme *Ihnen* natürlich nicht in den Sinn, aber Kindern schon, oder kleinen Hunden. Ab und zu gibt es solche Todesfälle.

Für die Tabakindustrie ist wichtig, dass Nikotin Entzugserscheinungen hervorruft. Damit machen die Tabakbosse ihr Geschäft: mit dem Entzug, nicht mit der Droge! Im Grunde ist er harmlos, aber er hat eine sehr laute Stimme: **Die Raucherstimme YACK!**

YACK

Die innere Raucherstimme: YACK

YACK ist der Widersacher von SGIB. Er ist eine der beiden Stimmen im Kopf der Raucher, die ständig miteinander streiten. Die Dialoge der beiden sind meistens recht kurz. Hier sind ein paar Beispiele:

SGIB zu seinem Besitzer:
   Du solltest das Rauchen aufhören!
YACK zu seinem Besitzer:
   Zigaretten sind ein Genuss.

SGIB: Die Raucherei kostet dich ein Vermögen.
YACK: Man muss sich auch mal etwas gönnen!

SGIB: Du bist nicht gerade das beste Vorbild, wenn du vor deinen Kindern rauchst!
YACK: Jeder kann selbst entscheiden, ob er raucht oder nicht!

SGIB: Du wirst noch krank vom Rauchen.
YACK: Sterben muss jeder!

SGIB: Meinst du nicht, du wärest attraktiver, wenn du nicht so nach Rauch stinken würdest?.
YACK: Das ist kein Gestank, das ist der Duft der weiten Welt!

SGIB: Du bist schon wieder total zappelig?.
YACK: Rauch´ sofort eine, das entspannt dich!

... so geht es endlos weiter, bis ...

SGIB: Du solltest das Rauchen aufhören!
YACK: Irgendwann schon, aber bestimmt NICHT JETZT!

Das ist für den Besitzer der beiden zermürbend. Sie haben bemerkt, dass YACK immer das letzte Wort hatte. SGIB fehlen die Argumente. Doch das wird sich bald ändern!

+++ Erfahrungsbericht +++

Sabine, 41, Pflegerin:
[...] ich habe immerhin 25 Jahre meines Lebens geraucht! Um so mehr genieße ich es jetzt, wie mein Geschmackssinn feiner wird, der Raucherhusten sich verabschiedet, meine Gedanken freier sind und nicht mehr um die nächste Zigarette kreisen, um nur ein paar Dinge zu nennen, welche das Leben angenehmer und entspannter machen. [...]

Vier gute Nachrichten

Pegel, Gier und körperliche Entzugserscheinungen

Was würden Sie vermuten, was ein Junkie macht, wenn er auf Entzug ist? Erinnern Sie sich an den Bericht von Andreas Niedrig: Er würde Verbrechen begehen, nur um an den nächsten Schuss zu kommen! Was würde ein Trinker tun? Vermutlich dasselbe, wenn er müsste. Aber Alkohol ist ja leicht zu beschaffen und vor allem billig. Und was würde ein Raucher tun, um an die nächste Zigarette zu kommen? Was würden Sie tun? Wir können uns vorstellen, dass sich der eine oder andere vielleicht im Nachthemd auf die Starße begibt, um nachts mal eben eine Schachtel zu ziehen, aber dafür eine Straftat begehen? So weit würde ein Raucher doch nicht gehen!

Das hat einen ganz einfachen Grund: Vom Rauchen kommt man viel leichter los, als von jeder anderen Droge, weil die Entzugserscheinungen nicht mal weh tun! Was wirklich Probleme bereitet, ist die Angst davor. Viele Raucher haben Angst, dass der Entzug von Nikotin sehr unangenehm, ja sogar schmerzhaft sein könnte. Aber was ist überhaupt eine konkrete Entzugserscheinung beim Nikotin? Haben Sie schon mal das Rauchen aufgehört eine Zeit lang? Was haben Sie beobachtet? In unseren Seminaren fragen wir die Teilnehmer und erhalten solche Antworten:

- Müdigkeit,
- Schlafstörungen,
- Nervosität,
- Schwitzen,
- Lustlosigkeit,
- Verdauungsprobleme,
- Aggressivität,
- Ruhelosigkeit,
- Unkonzentriertheit.

Ähnliche Begriffe werden Sie finden, wenn Sie eine Suchmaschine im Internet fragen. Wir haben es also überwiegend mit psychischen Erscheinungen zu tun. In der obigen Liste sind nur drei Begriffe, die sich auf körperliche Symptome beziehen.

Das soll also alles passieren, wenn Raucher mit dem Rauchen aufhören. Aber ganz unter uns, waren Sie als Raucher noch niemals aggressiv? Noch nie ruhelos? Noch nie lustlos? Noch nie müde? Dann hatten Sie wohl immer schon Entzug. Oder schauen Sie uns an. Wir rauchen seit vielen Jahren nicht mehr, aber gelegentlich schwitzen wir, haben keine Lust auf nichts, sind unkonzentriert. Können das jetzt Entzugserscheinungen sein? Nach vielen Jahren? Es kommt schon mal vor, dass man zu viel Kaffee erwischt, deshalb schlecht schläft und am nächsten Tag müde und aggressiv ist. Sind das Entzugserscheinungen? Und wenn es welche wären, was wäre denn so schlimm daran? Nichts von der Liste ist mit Schmerzen verbunden.

Nehmen wir an, zehn Heroinjunkies und zehn Raucher wollen ihre Drogenkarriere beenden und machen einen Entzug. Dann werden die zehn Junkies alle über Schüttelfrost, Übelkeit, ständiges Erbrechen und Bauchkrämpfe klagen, weil das beim Entzug von Heroin die Symptome sind. Aber die Raucher werden alles mögliche erzählen. Liegt das vielleicht daran, dass sie unterschiedliche Marken geraucht haben?

Die Symptome beim Nikotinentzug können auch eine ganz andere Ursache haben. Stellen Sie sich einen Raucher vor, der vom Lebenspartner zum Aufhören gedrängt wird, weil der sich Sorgen um ihn macht. Der Raucher stimmt zu und raucht nicht mehr. Einfach so. Natürlich kann er das machen und es würde ihm keine Schmerzen verursachen, aber er hätte tief in seinem Inneren keine große Lust, aufzuhören. Außerdem verbindet er mit dem Rauchen ja auch positive Gedanken: es hilft ihm, wenn er sich entspannen will oder wenn er sich konzentrieren muss. Unter solchen Voraussetzungen kann schnell die Idee aufkommen, er verzichte auf etwas. Dann geht die Lust am Aufhören bald gegen Null. Nach ein paar Tagen Verzicht ist der Ex-Raucher mürbe und sucht nach einer Ausrede, um wieder anfangen zu können. Was könnte in dieser Situation passender sein als eine Entzugserscheinung? Zum Beispiel Aggressivität.

Können Sie sich vorstellen, dass wir es beim Nikotinentzug mehr mit *Erscheinungen* als mit Entzug zu tun haben. Doch selbst wenn es so schlimme Zustände wären wie beim Heroinentzug, wie schlimm wäre das? Nehmen wir an, Sie würden tatsächlich alle oben genannten körperlichen Symptome erleiden. Das wäre doch gerade mal so schlimm wie eine normale Grippe. Aber jagt Ihnen der Gedanke an eine Grippe Angst ein? Normalerweise nicht, obwohl das sehr unangenehm sein kann mit einigen Tagen schwerer Erschöpfung, Müdigkeit und Schweißausbrüchen. Was machen Sie dann? Sie besorgen sich etwas gegen das Fieber, legen sich ins Bett und warten, bis es vorbei ist. Sie finden sich damit ab, weil Sie wissen, dass das Fieber zum Prozess der Genesung gehört. In ein paar Tagen geht es wieder gut!

Und wenn nun die Entzugs*erscheinungen* so etwas wären wie das Fieber bei einer Grippe? Dann könnten Sie sie doch auch begrüßen als ein sicheres Anzeichen dafür, dass Ihre Genesung gut vorwärts kommt. In diesem Fall Ihre Erholung von der Sucht. Oder würden Sie das Fieber bei einer Grippe unterbrechen wollen, damit Sie länger krank sind? Und wenn Sie wirklich Angst davor haben, Sie könnten nervös oder besonders aggressiv werden, dann können Sie, wenn es so käme, immer noch zum Apotheker gehen und sich ein Mittel dagegen holen. Sagen Sie nur nicht, dass Sie gerade einen Entzug machen, schildern Sie Ihr Symptom! Erwähnen Sie „Nikotinentzug", dann werden Sie vermutlich ein Pflaster, einen Kaugummi oder ein Nikotin-Spray angeboten bekommen. Was es damit auf sich hat, behandeln wir später[16].

Was würde ein Nichtraucher tun?

Bleiben wir noch einen Moment bei der Annahme, Sie würden *Erscheinungen* erleiden. Wir haben ja schon festgestellt, dass Raucher wie Nichtraucher manchmal diese Erscheinungen haben können. Be-

---

16 Kapitel: Weg von der körperlichen Sucht

trachten wir sie doch einfach aus der Perspektive eines Nichtrauchers. Was würde ein Nichtraucher zum Beispiel machen, wenn er …
- ➔ nervös wäre?

Zum Beispiel könnte er einen Tee trinken.
- ➔ lustlos wäre?

Zum Beispiel könnte er an die frische Luft gehen.
- ➔ aggressiv wäre?

Zum Beispiel könnte er tief durchatmen.
- ➔ unkonzentriert wäre?

Zum Beispiel Pause machen.

Was würde Sie jetzt schon davon abhalten, dasselbe zu machen? Natürlich nichts. Sie haben diese Alternativen auch! Vielleicht machen Sie sogar genau diese Dinge, nur dass Sie dabei zusätzlich auch noch rauchen. In Gedanken ist Ihre Antwort auf diese Zustände aber: „Erst mal eine rauchen gehen." Raucher haben auf alle diese Lebenssituationen eine einzige Antwort: Rauchen. In dem Punkt unterscheiden sie sich durch nichts von einem Trinker, der auch in jeder Lage auf die gleiche Lösung zurückgreift: auf seine Flasche. Machen Sie sich bewusst, dass Sie viele Alternativen haben. Wie Nichtraucher auch! Sie nutzen diese Alternatien sogar schon jetzt. Wie wäre es, wenn Sie erfahren würden, dass die einzige Alternative, die *nie* funktioniert hat, das Rauchen war?

Nikotin im Körper und im Geist

Was auch immer passieren mag, welche *Erscheinung* Ihnen vielleicht Unannehmlichkeiten bereiten mag, *es wird schnell vorbeigehen!* Die Ursache für den Entzug ist das Nikotin. Wenn keins mehr im Körper ist, kann es, rein logisch betrachtet, auch keine körperlichen Symptome mehr geben.

In der folgenden Kurve sehen Sie die zeitliche Dimension eines Nikotintrips. Er lässt sich mit einem Tsunami vergleichen. Das Gift kommt schnell – die Fachleute sagen, es „flutet an" – und fließt langsam wieder ab. Nach einem bestimmten Zeitraum ist nur noch halb soviel Nikotin im Körper wie am Anfang, nach derselben Zeitspanne ist es wieder die Hälfte und so weiter. Die Meinungen über den Zeitraum gehen in der wissenschaftlichen Literatur auseinander. Die Halbwertzeit liegt danach irgendwo zwischen 30 Minuten und zwei Stunden. Nach 14 Tagen ist kein Nikotin mehr nachweisbar.

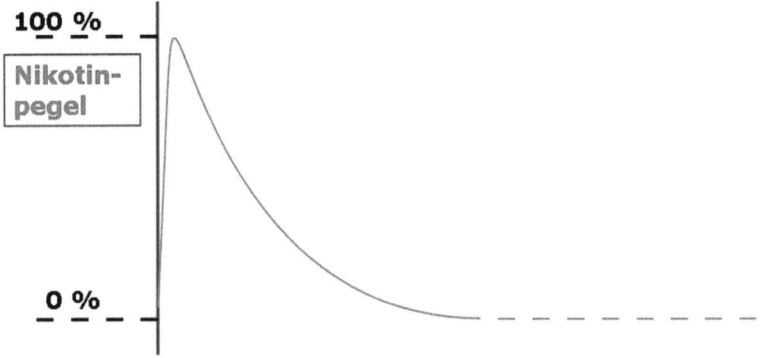

Hier sind die ersten drei guten Nachrichten: Bei Nikotin ist der körperliche Entzug harmlos, es gibt viele Möglichkeiten, um damit fertig zu werden, und es geht schnell!

Nach allem, was wir bisher über Entzugs*erscheinungen* gesagt haben, könnten Sie auch auf den Gedanken kommen, es gibt gar keine. Das wäre ein großer Fehler. Sie sind zwar völlig harmlos, doch es gibt sie! Immerhin haben sie geholfen, Sie über Jahre ans Nikotin zu fesseln. Deshalb kommen wir an dieser Stelle nochmal auf die Liste vom Anfang des Kapitels zurück. Bitte denken Sie im Zusammenhang mit Rauchen einmal darüber nach, *wann* Sie nervös, lustlos, aggressiv, unkonzentriert oder ruhelos sind. Sind es nicht die Momente, an denen Sie Lust auf eine Zigarette haben, oder daran denken müssen? Oder wenn Sie Ihre persönliche Zigarettenpause nicht einhalten können, weil etwas dazwischen kam? Welche Empfindungen haben Sie in solchen Situationen? Ist es ein Unbehagen, das sich im weitesten Sinne wie Durst oder Hunger anfühlt? Würden Sie es als „Gier" bezeichnen? Wenn Sie den Begriff der Gier einmal sehr weit fassen, von *leichter Drang* bis *unbezwingbares Verlangen*, würde es dann passen?

Tatsächlich ist es Neurowissenschaftlern gelungen, die „Gier" im Bezug auf Drogen genau zu messen. Anhand der in bestimmten Arealen des Gehirns ausgeschütteten Mengen des Botenstoffes Dopamin ermittelten Forscher einen Wert, den man als „Gierfaktor" bezeichnen könnte. Er liegt für Nikotin so hoch wie für Heroin, deutlich höhere Werte erzielen Kokain und synthetische Drogen.[17] Das bedeutet, dass es ergänzend zur Nikotin-Pegelkurve auch eine "Gier"-Kurve gibt:

---

17 Aus dem Foliensatz des Vortrags: Menschen, Biere und Neurone. Neurobiologie und Sucht. Was Suchttherapeuten von den Neurowissenschaften lernen können; von Jana Wrase, Klinik für Psychiatrie und Psychotherapie an der Charité; gehalten im Rahmen der „Remscheider Gespräche" am 02.04.2009.

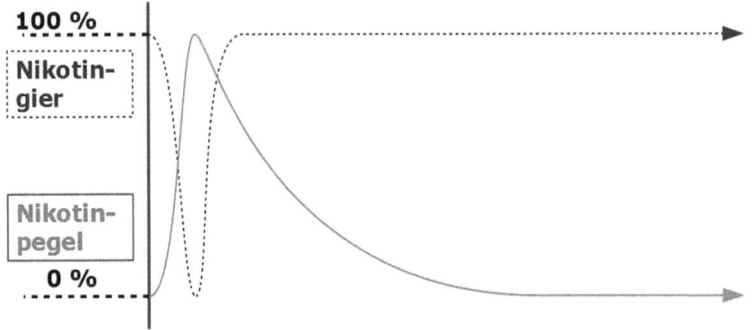

Gestatten Sie an dieser Stelle eine kurze Anmerkung zum Dopamin. Dopamin ist ein Botenstoff, der im menschlichen Nervensystem ins Spiel kommt, wenn es um Erregung geht. Aber er hat nichts mit Befriedigung zu tun! Das wird fast immer falsch dargestellt in Publikationen über Sucht und Drogen[18]. Wir müssen klar sehen, dass das Dopamin für die Gier steht, nicht für die Befriedigung. Wenn Sie Lust haben auf Sex, ein wunderbar duftendes Essen vor sich sehen, oder etwa die Aussicht besteht, einen schönen Abend mit Freunden zu verbringen, dann sorgt Dopamin dafür, dass Sie sich tatsächlich in Bewegung setzen. Doch was, wenn die Befriedigung ausbleibt? Wenn kein Sex stattfindet, weil Besuch kommt, wenn der Ober Ihnen das Essen wieder wegnimmt? Dann wird es keine Befriedigung geben. Findet die Befriedigung statt, reagiert das Nervensystem mit Endorphin. Endorphine sind eine Gruppe von Botenstoffen, die Wohlbehagen auslösen. Nach dem Rauchen haben wir es daher mit Endorphinen zu tun. Raucher fühlen sich kurz mal wohler, *weil die Beläs-*

---

18 Zum Beispiel hier: https://www.dasgehirn.info/denken/motivation/sucht-2013-motivation-zu-schlechten-zielen

tigung durch den Entzug kurz mal weg ist! Dann kommen sofort wieder der Entzug und die Gier. Zurück zur Kurve:

Ist der Pegel bei 100 Prozent, liegt die Gier bei Null Prozent. Aber *nur* dann. Die ganze restliche Zeit ist die Gier bei 100 %. Über diese besondere Gier machen wir uns bei FUMITO eine Menge Gedanken, denn darin liegt nach unserer Überzeugung die Lösung des ganzen Raucherproblems. Es geht darum, das Wesen dieser Gier zu verstehen. Einerseits hat sie unmittelbar mit dem Nikotinpegel zu tun, andererseits scheint sie auch völlig unabhängig davon zu sein. Kurz nach einem Konsum hat die Gier selbstverständlich mit der Droge zu tun, zumal im Fall von Nikotin. Nikotin stört die Funktionsweise eines fast überall im Körper auftauchenden Botenstoffs: Acetylcholin. Damit werden Impulse sowohl zwischen Nerven und Muskeln, als auch zwischen Nerven und anderen Nerven übertragen. Nikotin blockiert nun eine gewisse Zeit viele dieser Übertragungsstellen und das bringt Unruhe ins System. Aber das ist nach zwei, drei Tagen ausgestanden. So lange kann die Gier körperliche Ursachen haben. Sie äußert sich in einer gewissen Reizbarkeit. Aber dann?

Sie kennen bestimmt auch ehemalige Raucher, die jahrelang nichts geraucht haben, aber wenn sie darauf angesprochen werden sagen, ab und zu würde eine Zigarette schmecken. Das ist auch Gier, allerdings eine rein mentale Gier. Das bedeutet, die Gier nach Nikotin hat zwei Aspekte, die sich ergänzen – zum ewigen Nutzen der Tabakwirtschaft. Der eine Aspekt ist von körperlicher Natur, der andere von mentaler. Ist nun der letztere besonders schwer zu verstehen oder irgendwie besonders geheimnisvoll?

Wir sind der Meinung, dass der mentale Aspekt zwar besonders raffiniert ist, aber keineswegs unüberwindlich. Im Gegenteil! Es kommt nur darauf an, die richtigen Informationen zu haben. Sobald die vorliegen, löst sich die Sache im Handumdrehen auf. Vielleicht hatten Sie ihn schon, diesen Moment, an dem plötzlich Klarheit herrscht, an dem sich der *Irrtum über die Gründe, warum Sie rauchen,* auflöst.

Das würde sich in der Gierkurve so zeigen, dass die gestrichelte Linie plötzlich abreißt. Das kann sogar an einem Moment sein, an dem Sie noch rauchen. Wie bei einem unserer Seminarteilnehmer: er hatte während des Seminars den Irrtum verstanden und war ab diesem Moment folglich Nichtraucher. Allerdings verfügte er noch über zwei Stangen Zigaretten und brachte es nicht über sich, sie wegzuwerfen. Verschenken durfte er sie nicht, weil wir das verbieten (oder würden Sie Freunden wirklich so etwas wie Zigaretten antun wollen? Schließlich sind die Dinger womöglich tödlich). Deshalb rauchte er das Zeug noch tapfer nieder, aber dann war Schluss.

Neben der Besonderheit, dass sie immer oben, beim Maximum verläuft und plötzlich verschwinden kann (man kann die Gier auch zwischendurch vorübergehend einmal vergessen), hat die Gierkurve eine zweite Besonderheit: sie beginnt *vor* der Pegelkurve! Zuerst kommt die Idee, erst danach, in vielen Fällen lange danach, kommt die erste Gelegenheit, sich Nikotin zuzuführen. *Das wiederum bedeutet, dass Raucher bereits süchtig sind, bevor sie mit dem Rauchen anfangen!* *Erst* muss der Irrtum über die Wunderwirkungen der Zigarette bestehen. Ohne diesen Irrtum könnte man sich die Bereitschaft, die

Tortur des Anfangens zu ertragen, doch nicht erklären – das hatten wir schon erwähnt. Sie erinnern sich: das ist der Job der *Vorbilder*! Vorbilder setzen den mentalen Aspekt der Gierkurve in Gang.

Rauchen ist nur ein Irrtum

Weiter oben haben wir die medizinische Definition von Sucht angesehen[19]. Sie beschreibt das Verhalten eines Süchtigen, erklärt aber nichts. Die Erklärung ist glücklicherweise recht einfach und gleichzeitig auch das Gegenmittel: Sucht ist ein Irrtum, nichts weiter. Der Moment, an dem Sie verstehen worin der Irrtum besteht und wie er zustande kommt, ist das endgültige Ende der Sucht. Natürlich könnten Sie auch versuchen, Sucht zum Beispiel als biochemischen Vorgang zu verstehen und zu bearbeiten. Dazu müssten Sie allerdings Experte sein in Biochemie – sind Sie das? Oder Sie könnten sich jenen Dogmatikern unterwerfen, die Sucht als Krankheit betrachten. Dann müssten Sie sich einer logischen Tautologie unterwerfen, Sie müssten Sätze verinnerlichen, die so logisch sind wie: „Wenn es regnet, dann regnet es!" Im Bezug auf Rauchen würde die Erklärung dann lauten: „Er wurde rückfällig, weil der *Suchtdruck* zu groß wurde." Aber was, bitteschön, ist *Suchtdruck*? Kann man das sehen oder messen? Irgendwie den Punkt wahrnehmen, an dem er *zu groß* wird? Bis jetzt ist das niemandem gelungen. Von Suchtdruck könnten wir also nur dann sprechen, wenn jemand rückfällig *geworden ist*. Dann muss – gemäß der Krankheits*dogmatik* – Suchtdruck da gewesen sein. Wenn aber jemand *nie mehr* raucht, trinkt oder fixt, nachdem er das einmal suchtmäßig gemacht hat, gibt es keinerlei Hinweis auf etwas wie Suchtdruck. Daher ist „Suchtdruck" unserer

---
19 Abschnitt: Ist Rauchen eine Krankheit? Seite 65

Meinung nach ein leerer, inhaltsloser Begriff. Sie müssten sich also einem Glauben unterwerfen wie einer Art Religion, wenn Sie mit „Suchtdruck" arbeiten wollen. Wenn das für Sie funktionieren könnte, wollen wir Sie nicht davon abhalten. Wir sind nur der Meinung, dass es einen leichteren Weg gibt.

Unserer Erfahrung nach ist es am einfachsten, das Rauchen als Irrtum zu begreifen, wenn man damit Schluss machen will. Deshalb ist unser Mittel gegen das Rauchen das Rauchen selbst! Sie brauchen es nur zu verstehen, dann vergeht Ihnen die Lust daran!

Rauchen ist ein Verhalten, das auf falschen Annahmen, auf einem Irrtum, beruht. Sind die falschen Annahmen beseitigt, lässt sich das Verhalten ohne Probleme ändern.

Das ist die Grundidee hinter FUMITO. Wir benennen die *Ursache* für die Sucht, nämlich *falsche Annahmen*. Das ist gegenüber dem Krankheitsdogma ein klarer Vorteil, denn nun brauchen Sie nur die falschen Annahmen zu identifizieren, eine nach der anderen, so wie es Inspektor Columbo getan hätte.

Machen wir einen kleinen Exkurs. Lässt sich unsere Irrtum-Theorie zum Beispiel auf Spielsucht anwenden? Süchtige Zocker verspielen ihr Vermögen, und oft mehr als nur das eigene, in Automatenkasinos und Wettbüros. Welche Annahmen leiten sie dabei? Zum einen, sie würden einen Gewinn machen, zum anderen, dieser Gewinn würde sie glücklich machen. Ohne diese Hoffnung würde es keinen Sinn machen, in ein Kasino zu gehen. Doch beide Annahmen sind falsch!

Wenn der Einsatz ein Euro wäre, um 1000 Euro zu gewinnen, dann müssten bereits bedeutend mehr als 1000 Spieler verloren haben, bis einer gewinnt. Aus den Spieleinsätzen müssen ja auch die Kosten und der Gewinn des Kasinobetreibers bezahlt werden. Die richtige Annahme wäre also: Ich gehe da hinein und verliere! In dem unwahrscheinlichen Fall, dass es anders kommt, tritt nun keineswegs Glückseligkeit ein, eher das Gegenteil. Bei kleineren Gewinnen geht es sowieso nahtlos weiter, und selbst ein Millionengewinn bringt meistens kein Glück. Untersuchungen über Lottogewinner ergaben, dass das Glücksgefühl über die gewonnenen Millionen allenfalls kurz währte. In vielen Fällen gerät das Leben sogar aus den Fugen. Der englische Lotto-Millionär John Noakes wird zitiert mit den Worten: „Geld zahlt dir zwar deine Rechnungen, aber es löst keine Probleme in deinem Leben." Er und seine Freunde aus der Tippgemeinschaft berichten alle von Neid, zerbrochenen Freundschaften und Streit in der Folge des Gewinns[20]. Mit dem richtigen Bewusstsein hätten die Spieler vielleicht gesagt: „Mit den zehn Euro für den Lottoschein gehe ich lieber in die Sauna; das tut mir gut und niemand kann es mir nehmen."

Nun denken Sie vielleicht: „Stimmt alles, was die über's Rauchen sagen. Aber trotzdem schmeckt's mir!" Viele Raucher sagen das an diesem Punkt. Daran sehen Sie, wie gründlich die Gehirnwäsche ist, die einem das Rauchen verpasst. Die SGIBS der Raucher haben *implizit*, also: *unbewusst* Dinge gelernt, die sich bald als Irrtum herausstellen werden. Wir werden in Kürze den Beweis dafür antreten. Es

---

20 http://www.derwesten.de/panorama/der-ungluecklicke-lottomillionaer-id7873400.html

wird Ihre Sicht der Dinge verändern, wenn Sie das Wesen des Irrtums sinnlich erfahren. Das ist etwas völlig anderes als nur zu sagen, Rauchen sei eine Dummheit.

Bevor wir mit dem Beweis beginnen, erhalten Sie wie angekündigt unser Backrezept für einen Raucher.

*Was soll jetzt dieser Blödsinn?
Backen kann man einen Kuchen!
Raucher wird man aus Überzeugung!*

BACKREZEPT FÜR EINEN RAUCHER

Zutatenliste:

- Vorbilder
- Droge Nikotin
- raffinierte Verpackung für die Droge
- günstiges gesellschaftliches Umfeld

Zubereitung:

Geben Sie Vorbilder und Droge in eine Gesellschaft und machen Sie sie Kindern sowie jungen Erwachsenen zugänglich. Vorbilder und Droge wenige Wochen einwirken lassen, bis genügend Irrtum über die Wirkungsweise der Droge entstanden ist durch falsche gedankliche Verknüpfungen. Sorgen Sie für Verwirrung über die Droge (zum Beispiel durch das Verbreiten von Lügen, heute auch „alternative Fakten" genannt), falls Todesfälle auftreten, die mit dem Konsum der Droge in Verbindung stehen könnten. Schaffen Sie dazu ein günstiges gesellschaftliches Umfeld, indem Sie zum Beispiel auf die Politik in geeigneter Weise Einfluss nehmen.

Serviervorschlag:

Wälzen Sie die bei der Entsorgung von Altrauchern entstehenden Kosten (Krankenbehandlung, Renten für Arbeitsunfähigkeit) auf die sozialen Sicherungssysteme ab.

Das Rezept geht leicht und gelingt (fast) immer. Bis jetzt haben wir vorwiegend die Theorie betrachtet. Ohne nachvollziehbare praktische Beweise werden Sie sich unserem Standpunkt, Rauchen sei nur ein Irrtum, jedoch kaum anschließen wollen. Also kommen wir jetzt zur Praxis. Einige Vorgänge und Zutaten aus dem Rezept haben wir auch noch gar nicht angesprochen, insbesondere die Verpackung und die Beeinflussung der Gesellschaft.

Betrachten wir nun die praktische Seite des Irrtums!

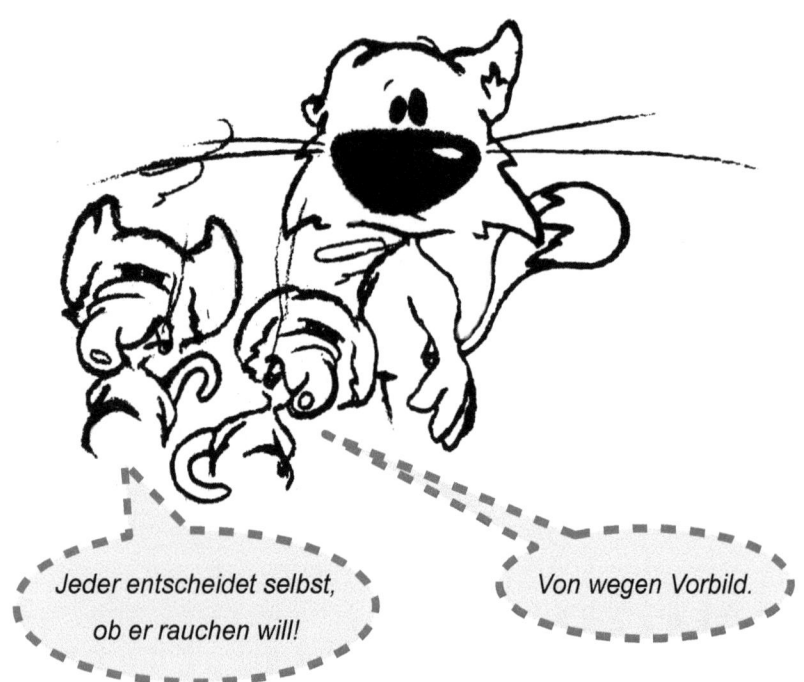

Gute, schlechte und besondere Zigaretten

Auf die Frage, warum sie rauchen, sagen viele Raucher, es *schmecke* ihnen. Bei den einleitenden Fragen an Sie haben wir auch nach dem Geschmack von Zigaretten gefragt. Vermutlich konnten Sie spontan keine Antwort geben. Es ist aber sehr wichtig, dass Sie den Geschmack von Zigaretten genau kennen. Dann verstehen Sie alles andere um so leichter.

Wir haben gezeigt, dass sich Rauchen im Bezug auf die Dynamik von Heroinsucht oder Alkoholismus überhaupt nicht unterscheidet. Nur sind beim Rauchen die Entzugssymptome völlig harmlos, während Junkies und Trinker unter Krämpfen, Erbrechen, Schwindel, Zittern und weiteren schlimmen Beschwerden leiden müssen. Das unbewusste Ziel jedes Süchtigen ist es, diese Symptome, wie harmlos sie auch sein mögen, zu verdrängen. Er will den schlechten Punkt wieder loswerden. Das Zittern soll verschwinden beim Trinker, die Bauchkrämpfe sollen aufhören beim Junkie und der Raucher will, dass die Nervosität weggeht.

Zittert nun der Trinker, weil er trinkt oder weil er nicht trinkt? Natürlich zittert er, *weil* er trinkt. Würde er nicht mehr trinken, würde das Zittern bald endgültig verschwinden. Ein für alle Mal! Es käme nie wieder. Weil er aber bereits süchtig ist, kann er das Zittern auch beseitigen, indem er seinen persönlichen 100-Prozent-Pegel wieder herstellt. Diesen 100-Prozent-Pegel zu halten ist das unbewusste Ziel jedes Süchtigen, egal von welcher Droge wir sprechen.

Beim Nikotin dauert es etwa 60 Minuten, bis der Pegel auf die Hälfte des ursprünglichen Wertes gesunken ist. Deshalb wird ein Durchschnittsraucher ungefähr im Stundentakt zur Zigarette greifen, solange er nicht durch Verbote oder sonstige Zwänge daran gehindert wird. Die typische Pegelkurve eines Rauchers sieht so aus, solange er sich Zigaretten leisten kann, keine äußeren Zwänge hat und sich keine besonderen Verzichtsregeln selbst auferlegt:

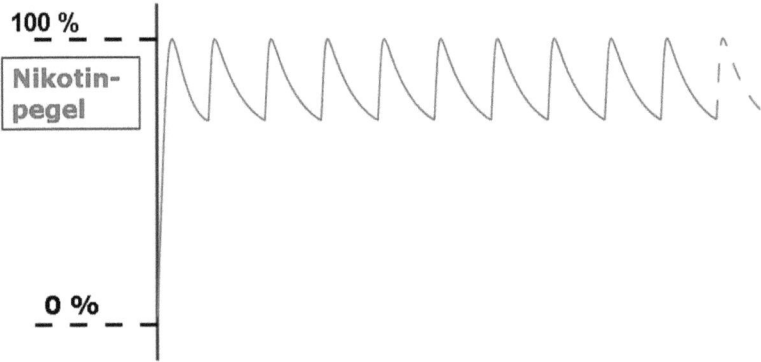

Es gibt ja auch Raucher, die sich auferlegen, nur eine bestimmte Anzahl von Zigaretten pro Tag zu rauchen oder nur zu bestimmten Zeiten an bestimmten Orten. Damit verschaffen sie sich die Illusion, das Rauchen unter Kontrolle zu haben. Manche sagen: „Die fünf Stück, die ich noch rauche, genieße ich wirklich." Beides ist ein Irrtum, sowohl die Kontrolle als auch der Genuss. Im Endeffekt leiden sie mehr als der Durchschnitts-Schachtelraucher oder der Kettenraucher, der genau weiß, dass er es *nicht* genießt.

Im Normalfall entsteht beim Rauchen eine Kettenreaktion, verursacht vom Nikotin, wie in der obigen Abbildung gezeigt. Aber was ist schon normal beim Rauchen. Wenn ein Raucher weiß, dass er längere Zeit keine Gelegenheit haben wird zu rauchen, dann könnte er versuchen, *auf Vorrat* zu rauchen. Manchmal ergibt es sich auch ganz zufällig, dass einige Stunden zwischen den Zigaretten vergehen. Ist Ihnen eigentlich schon aufgefallen, dass Zigaretten dann nicht immer gleich *schmecken*? Nehmen wir an, Sie rauchen eine und nach zwei Minu-ten die nächste. Wie schmeckt dann die zweite? Nicht so toll wahrscheinlich. Wie ist es aber, wenn Sie vor Ihrem Flug in den Urlaub eine rauchen, dann vier Stunden nicht mehr dürfen, und dann sich eine anstecken? Die schmeckt wahrscheinlich besser als je eine geschmeckt hat. Wie kommt denn das?

Es hat mit Ihrem Nikotinpegel zu tun. Ist er auf 100 Prozent und Sie rauchen sofort wieder, schmeckt´s nicht; ist er um die 50 Prozent, schmeckt es toll; ist er nahe Null Prozent, sind Zigaretten wieder nicht so toll und knallen besonders – zum Beispiel die erste an jedem Morgen. Das liegt daran, dass der Durchschnittsraucher über Nacht einen kompletten Entzug durchmacht und am nächsten Morgen wieder von vorne anfängt mit der Sucht. So gesehen brauchen Sie das Rauchen gar nicht aufzuhören. Beschließen Sie stattdessen lieber, ab einem bestimmten Tag *nicht mehr damit anzufangen*!

Stehen Sie nachts etwa auf, um Ihren Nikotinpegel wieder auf 100 zu bringen? Normalerweise schlafen Raucher durch. Wenn sie mal schlecht schlafen, hat das wahrscheinlich eine andere Ursache als einen niedrigen Nikotinpegel. Auch Nichtraucher schlafen mal schlecht. Das ist wieder ein Beleg dafür, dass der Entzug von Nikotin nicht der Rede wert ist.

Wie auch immer: manchmal schmecken Zigaretten nicht so gut, mal gut und zuweilen sogar besonders gut. Das sind dann jene Zigaretten, die von vorneherein mit einer besonderen Aura verbunden sind – mit dem Gedanken an tiefste Entspannung zum Beispiel. Oder mit einer kleinen Pause. Aber es sind doch immer dieselben, oder? Oder rauchen Sie eine Sorte, wenn sie *irgendwelche* wollen und eine andere, wenn Sie *besonders* gute brauchen?

Ist es bei Ihnen nicht auch so, dass Sie immer dieselben Zigaretten rauchen, die aber mal besser und mal schlechter schmecken? Doch wie war das gleich mit den Dampfnudeln? Die schmecken doch immer gleich, nicht wahr?

Scherz beiseite, wir bringen Sie am Ende noch durcheinander mit diesen Wortklaubereien. Selbstverständlich rauchen Sie immer *dieselben* Zigaretten und selbstverständlich schmecken die immer haargenau *gleich*! Und jetzt ist es an der Zeit herauszufinden, *wie* sie *genau* schmecken!

Dazu bitten wir Sie, die Geschmacksprobe zu machen. Und zwar exakt so, wie wir es auf den nächsten Seiten beschreiben. Das ist wichtig, denn es geht jetzt um die unwiderlegbaren Fakten beim Rauchen. Die brauchen Sie, damit Sie nachher eine gute Entscheidung treffen können. Wenn Sie einen Kuchen gebacken haben, wollen Sie ja auch wissen, wie er schmeckt – also los geht's!

GESCHMACKSPROBE

Was müssen Sie also tun, um den Geschmack heraus zu finden? Wir meinen jetzt selbstverständlich nicht, Zigaretten aufs Butterbrot zu bröseln und sie dann zu essen. Das könnte schnell tödlich ausgehen. Es geht um den Geschmack des Zigarettenrauches. Um seinen Geschmack zu erkennen, müssen Sie ihn nicht einatmen, weil in der Lunge keine Geschmacksnerven sind. Die sind alle auf der Zunge. Es reicht also aus, wenn Sie zu Testzwecken den Rauch nur im Mundraum halten. Machen Sie es am besten genau so, wie es auf der nächsten Seite beschrieben ist.

+++ Erfahrungsbericht +++

Sarah K., 6 Jahre Raucherin:
Unbedingt aufhören wollte ich eigentlich gar nicht. Aber das Raucherexperiment, das Herr Senol mit uns durchgeführt hat, war schon sehr überzeugend – vor allem, wenn man weiß, was jetzt wieder passiert im ganzen Körper. […].

Testanordnung

1. Überlegen Sie sich, wie es schmecken müsste. Es gibt fünf Geschmacksrichtungen: Süß, sauer, salzig, bitter und umami (nach Fleisch schmeckend). Dann testen Sie Ihre Annahme, indem Sie eine
2. Zigarette anzünden,
3. Rauch in den Mundraum ziehen, aber **auf keinen Fall einatmen**,
4. Rauch etwa 20 Sekunden im Mund lassen, Speichel sammeln (wenn´s geht) und diesen wie ein Bonbon schlucken, dann den
5. Rauch durch die Nase hinaus blasen,
6. damit fortfahren bis die halbe Zigarette weg ist,
7. dann normal fertig rauchen.
8. Dasselbe nochmal machen.

Besonders wichtig ist dabei, dass Sie die Lippen immer geschlossen halten, denn sonst inhalieren Sie, was diesen Test nicht gut funktionieren lässt. Am besten wäre, Sie machen das Experiment jetzt sofort und zwar genau so, wie hier beschrieben. Machen Sie es bitte, bevor Sie weiterlesen.

MACHEN SIE DIE GESCHMACKSPROBE !
AM BESTEN JETZT GLEICH !

Falls Sie die Geschmacksprobe jetzt gemacht haben, dann wissen Sie, wie Zigarettenrauch schmeckt. Weder süß, noch sauer, noch salzig, noch bitter, noch umami, sondern einfach nur unbeschreiblich ekelhaft. Sie hatten niemals Lust auf diesen Geschmack. Machen Sie sich bewusst, dass Rauchen niemals etwas anderes war als die Gier nach Nikotin, der unbewusste Wunsch, den Pegel zu halten!

Und jetzt fragen wir Sie: Wie kann man an Zigarettenrauch einen Genuss finden? Das ist vollkommen unmöglich! Raucht man, um diesen *Geschmack* zu haben? Auf keinen Fall! Der wahre Grund ist die Sucht, die vollkommen sinnlose Gier nach Nikotin! Wenn Sie die Probe gemacht haben, dann verfügen Sie über eine unwiderlegbare Erfahrung, dass Sucht und Genuss überhaupt nichts miteinander zu tun haben!

Sind wir uns darüber einig, dass *Genuss* eine Art Freude sein sollte? Der weltweit anerkannte Experte für Emotionen Paul Ekman unterteilt die Emotion „Freude" in 17 Unterarten: Extase, Erregung, Stolz, Elternstolz, Siegerstolz, Schadenfreude, staunende Ergriffenheit, Zufriedenheit, Erleichterung, Belustigung, die Freude, jemandem geholfen zu haben, Glück, und fünf Arten sinnlicher Freude: Genüsse, die wir über Augen, Ohren, Haut, Nase und Geschmacksnerven beziehen[21]. Und bei Zigaretten heißt es doch immer, sie würden angeblich *schmecken*.

In den Seminaren fragen wir die Teilnehmer nach dem Experiment, wie es nun *geschmeckt* hat. Dann hören wir: „Scheußlich", „zum Kot-

---

21 http://atlasofemotions.org/#states:enjoyment

zen", „widerlich", „grausam", nur um ein paar Beispiele zu geben. Die Beschreibungen decken sich erstaunlich gut mit jenen über die allererste Zigarette eines jeden Rauchers. Könnte es also sein, dass dazwischen auch alle so geschmeckt haben, nämlich scheußlich? Natürlich war es so – wie sollte es sonst gewesen sein?

Nun könnten Sie einwenden, dass es sehr wohl einen Geschmack gäbe, denn *unterschiedliche Marken* schmecken doch auch anders, oder? Es ist doch etwas anderes, ob man eine französische filterlose oder eine deutsche Damenzigarette raucht! Das liegt aber nicht am *Geschmack*, sondern an unterschiedlichen Mischungen der Zusatzstoffe, auf die wir später noch ausführlich zu sprechen kommen müssen. Es kommt darauf an, welcher Raucher welchen Giftcocktail besser oder schlechter verträgt. Ist in einer Marke etwas enthalten, das ich nicht vertrage, dann *schmeckt* sie mir eben nicht.

Aber sind wir jetzt nicht an einem Punkt, an dem wir sagen können, dass die Idee, Zigarettenrauch würde *schmecken*, ein *Irrtum* war? Wegen dem Geschmack haben Sie niemals geraucht, nicht ein einziges Mal! Mit dem Rauchen anzufangen bedeutet zu lernen, das Scheußliche daran zu verdrängen!

Nikotin hilft nun einmal nur gegen Entzugserscheinungen – eine gewisse Nervosität – die es vorher selbst verursacht. Sie rauchen wegen der Wirkung des Nikotins! Ebenso wie ein Pegeltrinker nicht wegen dem Geschmack des Alkohols trinkt (dann könnte er auch Spiritus trinken), sondern wegen seiner Wirkung! Die zutreffende Emotion, die Sie beim Rauchen haben können, ist also Erleichterung! Allerdings eine, die Sie nicht bräuchten, wenn Sie nicht rauchen würden. Die Voraussetzung für Erleichterung ist etwas Bedrückendes. Aber warum sollte man sich ohne Not plagen? Das macht überhaupt keinen Sinn.

Berichtigen Sie Ihre Wahrnehmung!

Halten wir doch folgendes fest: Sie haben beim Rauchen sehr wohl eine angenehme Emotion, aber eine sinnliche Freude durch den guten Geschmack war es nie. Stattdessen dürfen Sie sich bei jeder Zigarette über die *Erleichterung* von den Entzugserscheinungen freuen, welche die letzte Zigarette hinterlassen hat. Das macht, egal wie wir es wenden wollen, leider überhaupt keinen Sinn.

Das bedeutet auch, dass Sie wegen dem Geschmack nicht weiterrauchen müssen. Das war nur ein Irrtum. Im Seminar hören wir nach dem Experiment jedoch regelmäßig: „Es schmeckt wirklich total widerlich, aber ich genieße es trotzdem." Solche Aussagen zeigen, wie unglaublich gründlich die Gehirnwäsche durch das Rauchen ist.

Die fühlbare Erleichterung ist es, das SGIB so durcheinander bringt. Er weiß, Rauchen schadet ihm, aber es tut ja auch gut. Warum, steht auf einem anderen Blatt. SGIB muss sich erst mal nur merken, was gut ist.

Wenn wir jetzt weiterkommen wollen, dann ist genaues Beobachten und gründliches Nachdenken gefragt. Ganz so, wie es auch Inspektor Columbo gemacht hätte.

+++ Erfahrungsbericht +++

Wolfgang, Personalleiter:

Das Seminar ´FUMITO - Aus mit Rauch´ empfehle ich uneingeschränkt weiter. Von der Vorgehensweise bin ich absolut überzeugt. Das Schönste für mich persönlich daran war die Befreiung von dem Zwang, immer wieder rauchen zu müssen. Ich denke kaum noch daran. Trotzdem bin ich kein militanter Nichtraucher geworden. Es stört mich nicht, wenn jemand raucht in meiner Nähe. Ach ja: das Geld ist ein netter Nebeneffekt!

Haken wir´s ab mit dem Geschmack!

Die psychologischen Fallen beim Rauchen

Denkfallen: Falsche Verknüpfungen

Durch die Nikotin-Kettenreaktion entstehen einige psychologische Fallen. Wir könnten auch sagen: weitere Irrtümer. Schauen wir einmal genau hin: Bei welchen Gelegenheiten rauchen wir eigentlich? Gehen wir einfach einen normalen Tag durch, dann wird das Ergebnis ungefähr so aussehen wie im Bild. Raucher rauchen beim Pause machen, beim Autofahren und so weiter, siehe Abbildung.

Hat ein Raucher Stress, raucht er, will er sich konzentrieren, raucht er, nach dem Essen raucht er. Welche Gelegenheiten zum Rauchen gibt es noch? Manche Raucher sind versucht zu sagen, sie rauchen *immer*, aber das stimmt nicht. Im Hintergrund läuft die Nikotin-Kettenreaktion und im Vordergrund der Alltag. Wenn beides sich trifft, Kettenreaktion und Alltag, kommt es zu gedanklichen Verknüpfungen: Nach dem Aufstehen rauchen wir erst mal eine, also gehören Tagesbeginn und Rauchen zusammen, beim Autofahren rauchen wir gerne eine, also gehören Autofahren und Rauchen zusammen, die Zigarettenpause muss sein, also gehören Pause und Rauchen zusammen, wenn uns an der Bushaltestelle langweilig ist, rauchen wir eine, also gehören Langeweile und Rauchen zusammen und so weiter. Sie werden zustimmen, dass diese gedanklichen Verbindungen zwischen dem Rauchen und irgendetwas anderem grundsätzlich da sind.

Der Schluss liegt nahe, dass das Rauchen ersetzt werden muss, wenn wir es aufhören. SGIB ist davon überzeugt, das gehört alles zusammen und fragt sich erst mal, was er als Nichtraucher machen soll, wenn er sich zum Beispiel konzentrieren soll. Für den SGIB eines Rauchers ist es normal, in diesem Fall zu rauchen. Rauchen aufhören hält er deshalb für schwierig. Er weiß nicht, was er dann machen soll als Nichtraucher. Vielleicht etwas essen?

Aber richtig betrachtet stimmt es eben nicht. Sie rauchen nicht bei jeder *Gelegenheit*, sondern bei jedem *Glied der Kettenreaktion*. Sie rauchen auch nicht, wenn dieselbe Gelegenheit innerhalb kürzester Zeit fünf Mal auftaucht. Wenn es beispielsweise jetzt, in diesem

Moment, ein Problem gäbe, weswegen Sie sich eine anzünden, dann würden Sie kaum nochmal eine anstecken, wenn eine Minute, nachdem Sie die letzte Zigarette ausgedrückt haben, ein weiteres Problem auftaucht. Die Zigarette beim zweiten Problem würde nicht *schmecken*. Die gedanklichen Verbindungen sind aber da, und sie sind eine Falle! Sie rauchen zwar beim Autofahren, aber das Auto würde auch fahren, wenn Sie nicht rauchen. Autofahren und Rauchen haben rein gar nichts miteinander zu tun.

+++ **Erfahrungsbericht** +++

Reinhard, 22 Jahre Raucher:
[...] Ich kann sicher sagen, dass mir das Seminar nichts genützt hätte, wenn ich nicht wirklich hätte aufhören wollen. Aber ich hätte das Aufhören auch nicht geschafft, wenn ich zwar hätte aufhören wollen, aber das Seminar nicht besucht hätte. [...].

Ist es nicht so, dass Sie mit dem Rauchen bei diesen Gelegenheiten gedanklich einen Zweck verfolgen? Wollen Sie nicht zum Beispiel mit der Zigarette nach dem Essen den Genuss erst vollenden? Und wie sieht es aus, wenn wir Stress haben? Rauchen wir dann nicht, um uns zu entspannen oder uns wieder besser konzentrieren zu können? Na ja, da entsteht ein Problem:

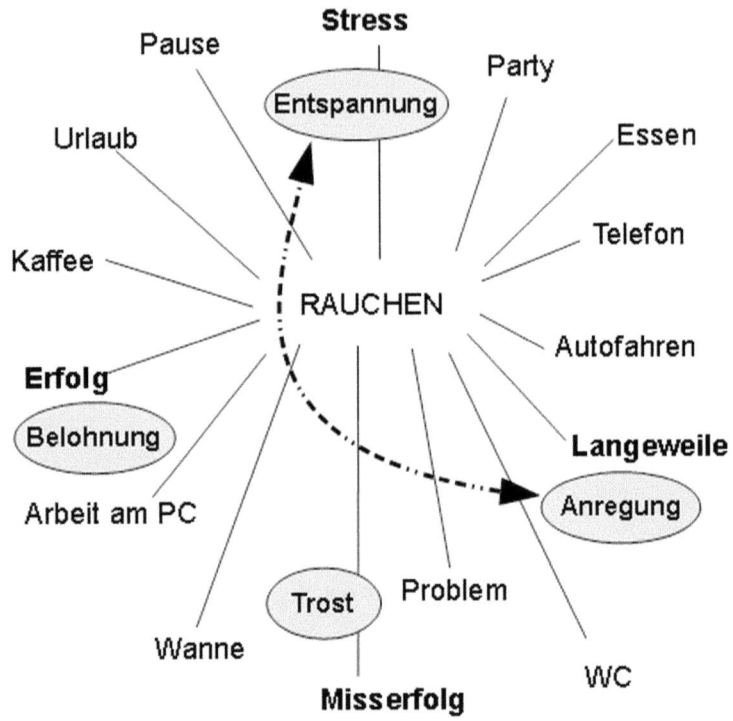

Was sagen Sie? Die ganzen Zuordnungen – Rauchen hilft bei Stress, um zu entspannen; Rauchen macht die Pause erst zur Pause; Rauchen regt an und vertreibt zum Beispiel beim Autofahren die Langeweile, widersprechen sich doch total. Etwas, das jetzt anregt und eine halbe Stunde später entspannt, gibt es nicht! Das wäre dasselbe, als wenn Sie jetzt mit einem weißen Pulver Ihren Kaffee süßen und dasselbe Pulver auch für Ihre Suppe verwenden, um sie zu salzen. Dieses Pulver gibt es genauso wenig wie eine Zigarette, die für Entspannung, Anregung, Belohnung oder Trost sorgen kann. Nikotin hilft nun einmal nur gegen Nikotin, wie die Kettenreaktion zeigt.

Nikotin verursacht das Entzugsgefühl, Nikotin beseitigt es wieder, indem es neues verursacht. In anderen Worten: **Rauchen hilft nur Rauchern gegen das Rauchen.** Diese Katze beißt sich in den Schwanz!

Diese Verknüpfungen haben sich Raucher am Anfang nicht selbst eingeredet. Ihre Vorbilder, die Alt-Raucher, verbreiten solche Ideen fleißig und verlangen nicht mal Geld dafür, dass sie rund um die Uhr als Außendienstler für die Tabakwirtschaft unterwegs sind. Darauf kann Medienwerbung aufbauen. In letzter Zeit nimmt die Tabakwerbung wieder verstärkt Frauen ins Visier und orientiert sich gezielt an ihren Wünschen. Einer der größten Wünsche ist es, schlank und attraktiv zu sein. Zu den Marketingstrategien, die vor allem in dieser Richtung wirken, gehören zum Beispiel Design, die Farbgestaltung und die Verpackung. Denken Sie nur an die Marke „Eve". Auf riesigen Werbetafeln am Straßenrand werden die Produkte dann in Bildzusammenhänge gestellt, die Freiheit, Romantik, Freundschaft und Attraktivität vermitteln. Es gibt wissenschaftliche Studien zuhauf, welche die Wirksamkeit dieser Kampagnen belegen. So wird Rauchen mit Schlankheit und Attraktivität in Verbindung gebracht und eine weitere falsche Verknüpfung geschaffen. Auf den (nicht vorhandenen) Zusammenhang zwischen Rauchen und Figur gehen wir später ein. Und was, bitteschön, soll Rauchen mit Attraktivität zu tun haben? Geben Sie einer Person, die Sie unattraktiv und langweilig finden, eine Zigarette in die Hand und schauen Sie, ob sie dann attraktiver geworden ist. Das wird kaum der Fall sein.

Was glauben Sie, was passiert, wenn Sie jeden Tag sagen: 2 x 2 = 22 oder 3 x 3 = 12 oder 4 x 4 = 16,8? Dann glauben Sie das irgendwann. Sagen Sie sich zehn Jahre lang jeden Tag 3 x 3 = 12 dann werden Sie 12 sagen, wenn jemand nach dem Ergebnis von 3 x 3 fragt. Garantiert! Eine Frau, die zehn Jahre „Eve" raucht, hat am Ende 36.500 Mal an Schlankheit und Blumenduft gedacht beim Rauchen, wenn sie zehn Stück am Tag verbraucht. Oder 365.000 Mal, wenn wir es auf Züge an der Zigarette umrechnen. Danach ist es völlig normal, wenn ihr SGIB davon überzeigt ist, der Rauch einer Zigarette dieser Marke rieche nach Veilchen.

Der Zusammenhang zwischen Rauchen und Stress

Mit der größte Irrtum beim Rauchen ist, es könne Stress reduzieren. Nirgendwo wird der Irrtum des Rauchens deutlicher als an dieser Stelle. Denn tatsächlich *entsteht* eine Menge Stress erst *durch* das Rauchen. Dabei ist Stress an sich nichts Negatives. Wir brauchen ihn, damit wir in Gang kommen, damit wir für uns sorgen. So gesehen ist Stress eine gute Sache, aber er ist kein Selbstzweck. Unser Ziel ist immer, ihn wieder los zu werden. Wie wir oben gezeigt haben erzeugt Nikotin eine Belästigung, die der Raucher wieder los werden will, was jedoch nur durch ständiges Rauchen gelingen kann. Also bedeutet Rauchen, sich selbst künstlichen Stress zu verpassen.

Ob Sie gerade Stress haben oder nicht, erkennen Sie an Ihren Emotionen. Haben Sie eine unangenehme Emotion[22] wie Angst, Ärger,

---

22 Wir verwenden bewusst den Begriff „Emotion", obwohl meistens in solchen Zusammenhängen von „Gefühlen" die Rede ist. Allerdings ist das strenggenommen nicht dasselbe. Eine Emotion bringt ein Gefühl mit sich, aber auch Gedanken, Inpulse und körperliche Reaktionen.

Ekel oder Trauer, oder eine Mischung davon, dann stehen Sie unter Stress. Wenn Sie zum Beispiel die Straße überqueren und ein Auto kommt schnell auf Sie zu, dann werden Sie Todesangst haben und flüchten. Sie stehen dann massiv unter Stress. Oft wissen wir aber nicht auf Anhieb, welches Gefühl wir haben, oder welches gerade die Oberhand hat. Oft sagt man dann auch einfach: „Ich fühle mich unsicher, mir ist nicht ganz wohl". In Konflikten können Emotionen verwirrend sein. Ärgern wir uns, weil der Konfliktgegner uns im Weg steht, haben wir Angst, weil wir etwas verlieren könnten, oder ist es Trauer, weil wir enttäuscht sind von einem bestimmten Verhalten? Wollen wir den Stress los werden, müssen wir uns in diesen Fällen über unsere Emotionen klar werden. Dann können wir erkennen welches Bedürfnis dahinter steckt und uns eine Strategie überlegen, wie wir die Sache erledigen wollen. Es gibt eine Strategie, die *garantiert* niemals zu einer Lösung führt: Rauchen!

Trotzdem sind stressige Erlebnisse oder Lebensphasen oft Wendepunkte in Raucherkarrieren. Plötzlich werden im Laufe weniger Monate aus zehn Zigaretten pro Woche zwanzig am Tag. Viele Raucher berichten zum Beispiel davon, dass sie in der ersten Zeit mit voller Verantwortung im Beruf vom gelegentlichen zum regelmäßigen, täglichen Zigarettenkonsum übergegangen sind. Sie tun das in der Hoffnung, Ihren Stress damit abbauen zu können. Durch die raffinierte Wirkung des Nikotins scheint das auch zu gelingen. Aber eben nur zum Schein. Wie Sie jetzt wissen, läuft im Hintergrund unbewusst die Kettenreaktion ab, während die Aufmerksamkeit bei den Anforderungen des normalen Lebens ist.

Machen wir ein konkretes Beispiel. Stellen Sie sich vor, zwei leitende Angestellte müssen morgens zur gleichen Zeit aus dem Haus, beide haben einen gleich lange dauernden Weg zur Arbeitsstelle vor sich und beide haben gleich zu Beginn des Tages einen wichtigen Besprechungstermin beim Chef. Die Ausgangslage ist für beide gleich. Der Unterschied besteht nur darin, dass einer Raucher ist, der andere Nichtraucher. Nun passiert beiden dasselbe Pech. Beim Frühstück bekleckern sie ihr weißes Hemd mit Marmelade. Jetzt kommt bei beiden eine gewisse Anspannung auf. Sie ärgern sich über das Missgeschick und müssen nun besonders auf die Zeit Acht geben. Beide fahren mit dem PKW zur Arbeit und geraten in einen Stau aufgrund eines Unfalls. Nun fühlen sich beide schon mächtig unter Druck. Was wird nun der Raucher machen? Natürlich wird er eine Zigarette rauchen, um sich zu erleichtern. In fast letzter Sekunde erreichen die beiden Banker ihr Ziel. Der Raucher steckt sich kurz vor der Besprechung nochmal eine an und nimmt ein paar Züge, dann gehen beide ins Besprechungszimmer. Was glauben Sie, wer wird die bessere Figur machen im Meeting? Der Raucher, der von Hause aus mehr Stress hatte und sich in Gedanken kaum auf den Termin vorbereiten konnte, der sich Sorgen machen muss, dass er durch seinen Geruch unangenehm auffällt? Oder der Nichtraucher, der die Zeit im Stau nutzen konnte, um über die wichtigen Punkte noch einmal nachzudenken?

Wie wäre es dem Raucher wohl ergangen, wenn er im Stau stehend festgestellt hätte, dass er nur noch eine einzige Zigarette in seiner Schachtel hat? Oder gar keine mehr? Vielleicht ein Wutanfall? Wenn wir die einzelnen Stressfaktoren gegenüberstellen, dann hat der

Raucher immer das schlechtere Ende. Im Beispiel waren die Stressfaktoren für den Raucher und den Nichtraucher so verteilt:

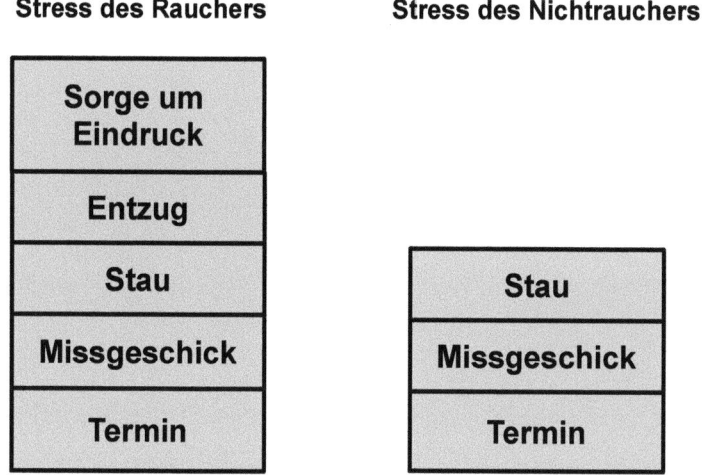

Bevor Sie also leichtfertig sagen: „Der Raucher kann bei Stress etwas tun, was der Nichtraucher eben nicht kann, nämlich erst mal eine rauchen", berücksichtigen Sie bitte die Tatsache, dass das Rauchen im Bezug auf den *echten* Stress überhaupt nichts bringt. Es hilft nur gegen künstlichen Stress, den es selbst herstellt. Rauchen erleichtert den Raucher nur vom Entzugsstress. Das fühlt sich zwar mit handelsüblichen Zigaretten gut an, weil es unglaublich schnell geht, aber es ist und bleibt nun mal vollkommen sinnlos.

Es wäre schlimm genug, wenn das Rauchen bei Stress nur nichts, aber überhaupt nichts, helfen würde, doch die ganze Wahrheit ist noch schrecklicher. Rauchen beseitigt zwar die Belästigung durch den Entzug, aber gleichzeitig setzt es die natürliche Stressreaktion in Gang. Wenn Sie in Gefahr sind, zum Beispiel wenn ein großes, wildes

Tier auf Sie zurennt, dann haben Sie von einer Sekunde auf die andere plötzlich alle Energie zur Verfügung, die in Ihnen steckt. In dieser Reaktion spielen Hormone eine wichtige Rolle, unter anderen zum Beispiel Adrenalin und Cortisol. Dieselben Hormone werden auch aktiviert, wenn Sie rauchen. Das hat nichts mit dem Stress zu tun, den die Sucht, also das Nikotin, auslöst, dieser Stress kommt vom Rauch. Schließlich erleiden Sie bei jeder Zigarette eine kleine Rauchvergiftung und die löst jedes Mal eine kleine Panik in Ihnen aus. Hauptverantwortlich ist dafür das Kohlenmonoxid (CO) im Rauch normaler Zigaretten. Deshalb müssten wir die Darstellung der Vollständigkeit halber noch um das CO ergänzen.

Haken Sie es ab. Rauchen und Stress haben insofern miteinander zu tun, als Rauchen zusätzlichen Stress auslöst! **Rauchen verursacht Stress!** Bis jetzt haben Sie es für normal gehalten, in stressigen Situationen zu rauchen. Nun wissen Sie, warum das nicht funktioniert und sogar das Gegenteil bewirkt. Was machen Sie künftig stattdessen? Nun, da gibt es eine Menge Möglichkeiten. Zunächst können Sie Informationen über Stress einholen. Das geht am einfachsten über eine Suchmaschine im Internet. Oder Sie geben den Begriff „Stress" bei einem Online-Buchhändler ein. Im Nu haben Sie Zig Ergebnisse und Ratgeber gefunden. Sie werden jedenfalls keinen Einzigen finden, der sagt: „Fangen Sie mit dem Rauchen an, wenn Sie Stress loswerden wollen". Niemand würde das behaupten!

Besonders fatal ist Stress für Ex-Raucher, die Stress als Alibi verwenden, um wieder anzufangen. In diesem Fall kommt nochmals weiterer Stress dazu, nämlich Selbstverachtung, *weil man wieder angefangen hat.* Es gibt gestresste Raucher und gestresste Nichtraucher. Der Merksatz für diesen Abschnitt lautet: Rauchen verursacht zusätzlichen Stress! Das lässt sich auch beobachten, wenn wir das Augenmerk auf den Zusammenhang zwischen Rauchen und Entspannung richten.

Rauchen und Entspannung

Raucher schreiben dem Rauchen ja diese entspannende Wirkung zu. Was bedeutet es überhaupt, sich zu entspannen? In entsprechenden Seminaren geht es um Ruhe, Ausgeglichenheit, Nichtstun. Das ist Entspannung: Nichts tun! Einfach hinsitzen und Zeit verstreichen lassen. Und was passiert beim Raucher, wenn einfach Zeit verstreicht? Die Kettenreaktion läuft ab und stört die Entspannung. Kaum ist der Raucher ausgeglichen, treibt ihn die Belästigung durch Entzug wieder zum Rauchen an. **Rauchen verhindert Entspannung!**

Rauchen und Genuss

Nehmen Sie an, Sie sind auf ein Festmahl eingeladen. Es gibt fünf Gänge und irgendwann dazwischen eine Rede. Die Nichtraucher in der Runde können sich den erlesenen Speisen und der Gesellschaft widmen. Die Raucher erleben einen weiteren Abschwung in der Kettenreaktion. Die Speisefolge wird immer uninteressanter, auf das Dessert verzichtet der eine oder andere Raucher schon, damit er seinen Pegel wieder auf 100 Prozent bringen kann. Es gibt auch Raucher, die das nach jedem Gang machen, denn bei großen Feiern kann es schon mal dauern zwischen Suppe und Hauptspeise.

Andererseits verursacht eine Zigarette nach einer Currywurst an der Imbissbude keine Genussillusion, wenn der Raucher schon unmittelbar vor der Wurst auch eine geraucht hat. Zum Beispiel gleich, nachdem er aus dem Büro gegangen ist. In diesem Fall wird die Nach-dem-Essen-Zigarette nicht funktionieren. Es ist noch nicht genügend Zeit vergangen, als dass der Pegel schon wieder aufgefüllt werden müsste. Der Merksatz im Bezug auf Genuss lautet daher: **Rauchen verhindert Genuss!**

Rauchen und Konzentration

Eine weitere Denkfalle ist die Verknüpfung von Rauchen und Konzentration. Steht eine knifflige Aufgabe an, sagt ein Raucher: „Erst mal eine rauchen." Dauert die Aufgabe länger als eine Stunde, wird er eine Pause brauchen, um wieder frisch zu sein. Sie wissen inzwischen, was dahinter steckt: die Kettenreaktion. Die durch Entzug verursachte Nervosität beeinträchtigt die Konzentration derart, dass ein ruhiges Weiterarbeiten verhindert wird, bis die Belästigung beseitigt ist. Der Raucher denkt: „Ich muss eine rauchen, um die Konzentration wieder herzustellen." Aber was ist die Tatsache? Geht die Konzentration verloren, WEIL er raucht oder weil er NICHT raucht? Zittert der Trinker, WEIL er trinkt oder weil er NICHT trinkt? Entsprechend lautet der Merksatz: **Rauchen stört die Konzentration!**

Rauchen zur Belohnung ...

Was haben Sie nach der Führerscheinprüfung gemacht? Nachdem Sie sie bestanden hatten? Falls Sie zu diesem Zeitpunkt Raucher waren, würden wir uns wundern, wenn Sie nicht geraucht hätten. Was hätten Sie gemacht, wenn Sie die Prüfung versemmelt hätten?

... oder als Trost

Dann hätten Sie auch geraucht. Aber wie um alles in der Welt kann das möglich sein? Wie kann eine Sache, die immer dieselben Eigenschaften hat, mir je nach Stimmung die unterschiedlichsten Bedürfnisse befriedigen?

Magisches Universalpulver?

Wenn Sie durch Rauchen all das erreichen könnten: Entspannung, Konzentration, Belohnung, Trost, die Beseitigung von Stress und so weiter, dann wären Zigaretten dasselbe, oder sogar noch etwas viel besseres, wie ein magisches, weißes Universalpulver. Stellen Sie sich vor, Sie hätten eine Dose mit magischem Universalpulver auf dem Tisch stehen. Wenn Sie Ihren Kaffee süßer brauchen, nehmen Sie davon, und wenn Sie Ihre Suppe salziger brauchen, dann nehmen Sie *auch* davon! Leider werden Sie keinen Laden finden, in dem es das zu kaufen gibt.

Die andere Möglichkeit ist, Sie nehmen ein neutrales Pulver, das weder süß noch salzig, sondern gar nichts ist, und reden sich dann ein, es mache süß oder salzig. Solche Substanzen werden in der medizinischen Forschung verwendet. Dort heißen diese Sachen *Placebo*, *Schein*arznei!

Erkennen Sie, dass die Zigarette überhaupt nichts von dem bewirkt, was Raucher sich einreden und auch viele Nichtraucher glauben? Dennoch fühlen sich Raucher nach einer Zigarette irgendwie befriedigt. Aber wer ist befriedigt? Der Raucher oder nur die Sucht? Wie wäre es, wenn es nicht 100 oder 1000 Gründe gibt, warum Raucher rauchen, sondern nur einen einzigen, nämlich die Kettenreaktion, die das Nikotin auslöst. Der einzige Grund für das Rauchen ist: *Suchtbefriedigung*! Natürlich klingt es schöner, wenn man sagt: „Ich gehe eine Pause machen", als es beim Namen zu nennen: „Ich gehe meine Sucht befriedigen". Es ist auch angenehmer zu denken: „Ich entspanne mich", als sich klar zu machen, dass man überhaupt keine Wahl hat. Und es ist einfacher, sich einzureden, Rauchen schmecke, als es sich einzugestehen: „Irgendwie muss ich das scheußliche Zeug hinunterbekommen, weil ich süchtig bin."

Also wenn es nun tatsächlich so wäre, dass Rauchen nichts als eine Kettenreaktion ist, die durch Nikotin am Laufen gehalten wird, weil es eine Gier hervorruft – nach Nikotin. Wenn es so wäre wie in dieser Darstellung:

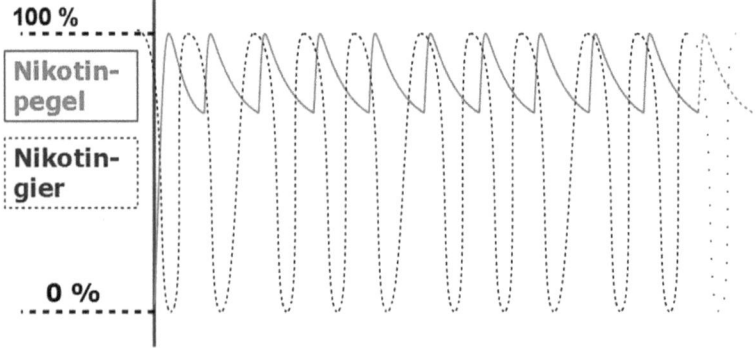

Ein Raucher raucht, der Nikotinpegel steigt sofort auf Maximum und sinkt dann nach und nach. Die Gier kommt aber sehr bald zurück. Wieder raucht er und so weiter und so weiter. Gäbe es nur diesen einen Grund zu rauchen, nämlich den Nikotinpegel auf Maximum zu bringen sobald mich die Gier dazu antreibt, dann gäbe es auch nur eine Frage zu beantworten: Will ich mich von einem Gift in eine Art Hamsterrad versetzen lassen bis an das Ende meiner Tage – ja oder nein? Die Antwort wäre leicht. Die *sehr* gute Nachricht ist, dass es tatsächlich so ist. Wenn da nur nicht diese Denkfallen wären ...

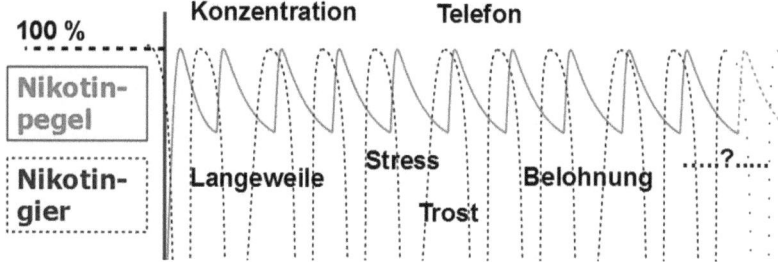

Jetzt haben Sie die Wahl: bleiben Sie bei der Illusion, es gäbe einen für Sie vorteilhaften Zusammenhang zwischen Rauchen und Konzentration, Langeweile, Trost, alltäglichen Situationen oder was auch immer, oder wollen Sie den Tatsachen ins Auge sehen? Und die Zusammenhänge so sehen, wie sie nun einmal sind:

- → Rauchen *verhindert* Genuss,
- → Rauchen *verhindert* Entspannung,
- → Rauchen *stört* die Konzentration,
- → Rauchen *verursacht* Stress ...

Was würde Rauchern dann fehlen, wenn sie nicht mehr rauchen würden? Gar nichts! Außer einer Zwangshandlung. Was hat zum Beispiel Kaffeetrinken und Rauchen miteinander zu tun? Nichts! Welcher Raucher hat gleichzeitig mit beidem begonnen? Die wenigsten. Ohne Rauchen würde der Kaffee sogar endlich Genuss bereiten, weil die Geschmacksknospen auf der Zunge nicht ständig mit Teer und anderem Dreck belegt wären.

Andererseits mag es eine Enttäuschung sein, wenn man erkennt, dass Raucher, die meisten davon Zig Mal täglich, sich selbst betrügen. Vielleicht haben Sie das auch gemacht. Aber diese Täuschung hat nun ein Ende. Die Zeit der *Ent – Täuschung* ist gekommen. Statt tausendfachem Selbstbetrug warten nun das echte Leben, echter Spaß, viel Zeit, gutes Gewissen und echter Genuss auf Sie. Das alles wird nicht mal was kosten, im Gegenteil. Freuen Sie sich!

Das Nikotin und die dadurch verursachte Kettenreaktion, zusammen mit den falschen Verknüpfungen, die von den Alt-Rauchern verbreitet werden, leisten ganze Arbeit. Aber fallen diese Verknüpfungen einfach vom Himmel oder hilf jemand nach? Und wenn ja, wie? Sehen wir es uns genauer an. In diesem Fall müssen wir – wie es auch Inspektor Columbo tun würde – auf die kleinsten Indizien achten.

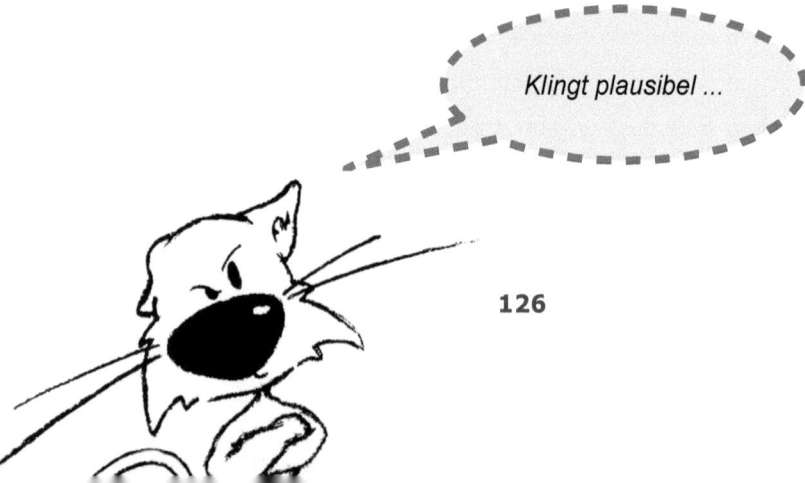

Tatsachen muss man kennen,
bevor man sie verdrehen kann.
(Mark Twain)

*Wenn man immer alles verstehen will,
dann verliert es den Zauber.*

Wie Tabakmarketing funktioniert

Wollen Sie im Handumdrehen reich werden? Wollen Sie auf dem Sofa liegen und zusehen, wie Ihr Kontostand immer weiter steigt? Wollen Sie das mit einer Arbeit tun, bei der Sie nichts falsch machen können? Dann müssen Sie nur das perfekte Produkt verkaufen: es ist klein und handlich, man kann es überall dabei haben; es ist spottbillig herzustellen, aber man kann es sündhaft teuer verkaufen; es ist immer und überall verfügbar in Spezialgeschäften, an Tankstellen, an Automaten rund um die Uhr; es gibt Millionen von ahnungslosen Altkunden, die an sonderbare Dinge glauben, aber leider wegsterben wie die Fliegen; glücklicherweise kommen jeden Tag naive Neukunden dazu, für die die ahnungslosen Altkunden als Vorbilder dienen; die Kundenbindung ist bei nahezu 100 Prozent; die Kunden brauchen das Zeug jeden Tag, 365 Tage im Jahr ohne Feiertag, ohne Wochenende. Das ist der Traum jedes Kaufmanns.

Das perfekte Produkt ist natürlich eine legale Droge: Nikotin, in Form von Zigaretten. Das müssen Sie verkaufen, dann werden Sie unermesslich reich! BAT (British American Tobacco) wusste das schon 1979: „We also think that [...] the high profits [...] are directly related to the fact that the customer is dependent upon the product" (Wir denken, dass die hohen Profite damit zu tun haben, dass der Verbraucher vom Produkt abhängig ist)[23]. Abhängig muss man wohl sein, wenn man sich das Zeug hinunterwürgt. Wegen *Geschmack*

---

23 http://legacy.library.ucsf.edu/tid/xde02d00/pdf?search=%22bat%20profit%20addiction%201979%22

rauchen Sie auf jeden Fall nicht, wie Sie jetzt wissen – wenn Sie den Versuch gemacht haben. Sie haben auch in der Vergangenheit *nie* wegen dem Geschmack geraucht, sondern nur, weil Sie süchtig waren. Die Sucht hat dazu geführt, dass Sie den ekelhaften Gestank sehr bald ignorieren konnten.

Werbung für das perfekte Produkt

Damit sind wir bei den Problemen, die das Produkt aufweist: Es ist ekelhaft und vollkommen sinnlos. Die Leute haben überhaupt nichts davon, wenn sie es benutzen, außerdem finden es alle zunächst widerlich. Sie erinnern sich bestimmt an Ihre erste Zigarette und wie scheußlich es war, sie zu rauchen – das hatten wir schon angesprochen. Sie mussten üben, üben, üben, bis Sie der Gestank nicht mehr störte. Wenn Sie einen derartigen Dreck verkaufen wollen, müssen Sie daher Werbung machen. Wie muss die nun aussehen? Sollten Sie sagen: „Kauft das Produkt, damit ihr stinkt wie die Pest; kauft das Produkt und ihr werdet süchtig; kauft das Produkt und ihr werdet krank davon"? Dann lieber doch lügen: „Kauft es, denn es hilft bei Stress; kauft es, denn es schmeckt ganz toll", „kauft es, und ihr werdet Freunde haben" und so weiter.

Die Sinnlosigkeit und die Widersprüche machen es erforderlich, dass Sie Ihre potenziellen Kunden auf das Produkt mehr oder weniger einschwören. Sie müssen verhindern, dass sie zu denken beginnen, wenn sie das Produkt sehen. Vielleicht haben Sie schon von dem Verhaltensforscher Ivan Petrowitsch Pawlow gehört, der entdeckte, dass seine eigenen Hunde auf einen bestimmten Reiz hin anders reagierten, als fremde Hunde. Seine Hunde begannen zu sabbern auf das Klingeln einer Glocke hin, weil es nach dem Klingeln immer Futter gab. Die fremden Hunde wussten von dieser üblichen Abfolge nichts und sabberten nicht. Pawlow fragte sich, woran das liegen könnte und begann mit dem Reiz des Klingelns zu spielen. Es reichte eine gewisse Zahl von Wiederholungen von Klingeln und Füttern, um das Sabbern bereits nach dem Klingeln hervorzurufen. Die Hunde sabberten schließlich auch dann, wenn es nach dem Klingeln gar kein Futter gab. Damit hatte Pawlow den Tieren einen Reflex *gelernt*. Vorher brauchte es die tatsächliche Wahrnehmung von Futter, um das Sabbern auszulösen, *nach der Konditionierung* reichte ein Reiz, der mit dem Futter überhaupt nichts zu tun hatte, um *reflex*artig einen Verdauungsvorgang in Gang zu setzen. Das nennt man „klassische Konditionierung"[24]: Zwei Dinge, die nichts miteinander zu tun haben, werden in einen Zusammenhang gebracht, indem sie zeitlich oder gedanklich miteinander verknüpft werden. Zum Beispiel Zigaretten und Geschmack. Oder Zigaretten und Entspannung. Das müssen Sie unablässig wiederholen, irgedwann denkt niemand mehr darüber nach, ob es stimmt oder nicht. 3 x 3 = 12. Insofern können wir die falschen Verknüpfungen, die wir oben geschildert haben, als *Reflex*-Situationen betrachten. Nichtraucher denken niemals an Zigaretten, wenn sie gestresst sind, telefonieren, Auto fahren und so weiter. Das machen nur Raucher. Nur bei ihnen gibt es den, nennen wir es: *Rauchreflex*.

Sie glauben, das ließe sich nicht bewerkstelligen? Niemals würde ein denkender Mensch als Ergebnis für die Multiplikation 3 x 3 den Wert 12 in Betracht ziehen? Kann sein, doch wie immun sind wir wirklich

---

24 http://de.wikipedia.org/wiki/Iwan_Petrowitsch_Pawlow

gegen Manöver, die gezielt unsere Urteilskraft beschädigen sollen? Neuerdings gibt es in der politischen Diskussion eine bisher unbekannte Art von Tatsachen: „alternative Fakten", gleichbedeutend mit Lügen. Sind Sie sicher, dass alles, das Sie als Fakten betrachten auch solche sind und nicht etwa *Alternativen*? Gibt es Sachverhalte, bei denen Sie sagen: „Das kann man so sehen, aber auch so"? Die Tabakindustrie arbeitet aus-schließlich mit *Alternativen*!

Plakat- und früher Zeitungswerbung für Zigaretten sind die klassischen Medien, um die künftigen Tabakkunden auf den Glauben zu konditionieren, Zigaretten hätten einen Geschmack. Sie wissen jetzt natürlich, dass brennende Zigaretten nur stinken und der Geschmack ekelerregend ist. Naive Neukunden, Jugendliche, wissen das nicht. Sie sehen die Plakate und erwarten einen Geschmack. Dann probieren sie eine Zigarette und erhalten Ekel. Nun kommen die ahnungslosen Altkunden, Raucher, und erklären den Neukunden, dass sie etwas falsch machen. Die üben dann, bis es richtig klappt und im Nu sind sie süchtig. Aber davon haben sie keine Ahnung. Nur die Zigarette schmeckt plötzlich. Wenn Sie sich die Mühe machen wollen und historische Zigarettenwerbung von den 1950er Jahren bis in die heutige Zeit anschauen[25], dann werden Sie auf fast allen Medien irgendeinen Hinweis auf den Geschmack finden, und wenn es im Kleingedruckten ist. Die Lucky-Strike-Plakatwerbung vom April 2015 setzt das Thema Geschmack in den Mittelpunkt und behauptet,

---

25 Zum Beispiel über eine Suche über www.google.de :
http://www.google.de/imgres?imgurl=http://invidis.de/wp-content/uploads/2014/09/tabak-und-gesetz.jpg&imgrefurl=http://invidis.de/2014/09/regulierung-und-recht-der-schweiz-droht-ein-totales-aussenwerbe-verbot-fuer-tabak/&h=750&w=1000&tbnid=HN2mJnPACyzDFM:&zoom=1&tbnh=137&tbnw=182&usg=__u0d2dCl2heZgaxmHZXZZRhCMbaI=&docid=OAquZSEEsBoGcM

man könne schmecken, ob der Tabak aus Virginia oder woanders herkommt. Wer das glaubt, dem könnte man auch erzählen, dass der Papst evangelisch ist.

Nun könnten Sie versucht sein zu denken: „Das betrifft mich nicht und Plakatwerbung beeinflusst mich nicht." Stimmt, Plakatwerbung betrifft Sie nicht, weil Sie ja schon Kunde sind. Weil Sie noch (jetzt vielleicht schon nicht mehr) süchtig sind, sind Sie als Kunde ein Selbstläufer. Sie sind gar nicht die Zielgruppe für *diese* Art der Werbung. Für Sie, der Sie aufhören wollen, haben die Konzerne viel raffiniertere Wege des Marketings erfunden.

Die vier Ziele des Tabakmarketings

Welche Aufgaben das Tabakmarketing zu erfüllen hat, erklärte Marketingprofessor Robert J. Dolan im Rahmen der Anhörungen im Prozess USA gegen Philipp Morris USA und sechs weitere Konzerne von 2004 bis 2006[26]. Dolan wurde dazu befragt, ob die Angeklagten im Sinne eines kriminellen Kartells auch Marketingstrategien zur Beeinflussung ihrer Kunden einsetzten. Und der Experte erklärte, wie das vor sich geht: Vier große Probleme muss das Marketing von Zigaretten lösen. Die Probleme sind: Erwachsene fangen kaum noch mit dem Rauchen an, also muss man Kinder ködern; zweitens ist Rauchen an sich ekelhaft, also müssen Ideen geboren werden, die dem Ekel einen Sinn geben; drittens wechseln Raucher fast nie die Marke, und viertens wollen die meisten Raucher so bald wie möglich wieder damit aufhören. Daraus ergeben sich folgende Strategien:

---

26 Die Ausführungen von Robert J. Dolan können Sie nachlesen in:
Michael Adams (Hrsg.); Das Geschäft mit dem Tod; Frankfurt/Main, 2007; ab Seite 268.

- → Sprich´ Kinder an,
- → schaffe sinnlose Verknüpfungen wie: Rauchen macht erwachsen, Rauchen schmeckt,
- → schaffe ansprechende Markenwelten (damit sich der Kunde dein Produkt aussucht) und
- → vermiese Rauchern den Wunsch, aufzuhören (indem man zum Beispiel verbreitet, dass Ex-Raucher ewig unter Entzug leiden müssen, dick werden usw.)

Sehen Sie, wie wir *alle* manipuliert werden sollen, denselben Unsinn zu glauben, den die ahnungslosen Altkunden glauben? Wenn es die falschen Verknüpfungen nicht gäbe, würde sich niemand mit beißendem Rauch quälen. Und wenn es nicht irrationale Befürchtungen gäbe, dass Raucher nach einem Rauchstopp mit Nachteilen rechnen müssen, dann würden viel mehr Menschen viel schneller den Irrsinn auch wieder bleiben lassen. Viele befürchten zum Beispiel, nach dem Rauchstopp Gewicht zuzulegen. Das ist wieder eine falsche Verknüpfung, auf die wir noch kommen. Fragt sich, wie die Konzerne diese Botschaften in die Köpfe der Raucher bringen.

Hackerangriff

Ab dem Tag seiner Geburt lernt der Mensch. Vermutlich schon viel früher, im Mutterleib. Für das Lernen haben wir ein Organ, das außer lernen nichts anderes kann, das Gehirn. Es lernt ständig und es lernt alles. Das Schöne daran ist, wir brauchen uns darum überhaupt nicht zu bemühen. Das Gehirn lernt *automatisch*. Was es gelernt hat, speichert es im Gedächtnis. Das meiste von dem, was sich in unserem Gedächtnis wiederfindet, kommt ohne unser Zutun dorthin. Diesen Vorgang bezeichnen Neurowissenschaftler als „implizites Lernen", als „beiläufiges Lernen". Das Ergebnis ist „ein vom Lerner nicht beabsichtigter Erwerb von Wissen und Fähigkeiten"[27]. Drei Viertel dessen, was wir wissen und können, lernen wir beiläufig.

Das bedeutet, geschicktes Marketing kann uns Ideen unterjubeln, ohne dass wir es überhaupt mitbekommen. Das glauben Sie nicht? Was halten Sie dann davon: James Bond raucht in Folge 20 mit einem Helfer in Kuba eine dicke Havannazigarre, während er sich mit ihm darüber unterhält, was der Bösewicht vorhaben könnte. Dabei machen die Herren angestrengte Gesichter und denken nach. Der Zuschauer denkt an die Geschichte und sorgt sich darum, dass er in der Handlung nichts verpasst. Das Rauchen bekommt er nur *beiläufig* mit und lernt dabei, dass Rauchen die Konzentration fördert. Viele Kommissare rauchen, wenn sie nachdenken. Eine Pfeife scheint sich dafür besonders gut zu eignen: Sherlock Holmes und Maigret waren zum Beispiel Pfeifenraucher. Axel Prahl als Tatort-Kommissar Thiel raucht Zigarette, wie auch die Staatsanwältin im „Tatort" aus Münster. Doch warum steht die Zigarette überhaupt im Drehbuch? Künstlerische Freiheit? Glauben wir nicht! Produktionsfirmen sind öfter mal klamm und freuen sich über finanzielle Unterstützung. So wie Sylvester Stallone von Brown & Williamson.

---

27 Das erklärte Dr. Judith Streb vom TransferZentrum für Neurowissenschften und Lernen an der Uniklinik Ulm in einem Vortrag, dessen Foliensatz wir im Internet fanden.

Kennen Sie den Slogan „Liberté toujours" der Marke „Gauloises"? Gauloises gehört mittlerweile dem in Bristol ansässigen Konzern „Imperial Tobacco". „Liberté" deutet schon darauf hin, dass bei dieser Marke besonders die Zielgruppe der freiheitsliebenden Menschen angesprochen werden soll. Erinnern Sie sich an das Plakat, auf dem ein junger Mann spät nachts sein Hündchen Gassi führt und dabei, obwohl es geregnet hat, nur mit Pantoffeln und einem Pyjama bekleidet ist? Dabei raucht er und eine elegant gekleidete Dame dreht sich nach ihm um; sie findet den Raucher im Pyjama in dem Moment interessanter als ihren Partner im Anzug[28]. Das sieht auf den ersten Blick recht witzig aus, aber was passiert wirklich? Glauben Sie im Ernst, dass ein Hund nachts Gassi gehen müsste, wenn sein Herrchen zu Hause rauchen dürfte?

Sie können sich diese Rauchszenen in Film und Fernsehen oder raffinierte Plakatwerbung wie Schadprogramme im Computer vorstellen. Nur sind das welche für Ihr Gehirn! Bevor Sie darüber nachdenken, glauben Sie an Dinge, die es nicht gibt. Für einen Dreijährigen gibt es einen Weihnachtsmann, für ihn besteht an dessen Existenz kein Zweifel. Glauben Sie immer noch an den Weihnachtsmann?

---

[28] Bei freecard-winni.com könnten Sie eine Postkarte mit dem Motiv kaufen: http://freecard-winni.com/product/gau-004-gauloises-libert%C3%A9-toujours-gauloises-pro-two-marketing-glinde-noname-card

Die Wahrheit hinter den Werbelügen

Mit Methoden wie Produktplatzierungen in Film und Fernsehen sowie ständiger Wiederholung der gleichen Aussagen in der Plakatwerbung werden Raucher *konditioniert*: sie lernen den *Rauchreflex*! Aber was ist die Wahrheit?

→ Können sich Raucher besser konzentrieren?
   Raucher sind ständig abgelenkt durch Entzugserscheinungen und die Gier nach Nikotin!
→ Können sich Raucher besser entspannen?
   Raucher bekommen Panik, wenn sie keine Zigaretten haben!
→ Können Raucher ihre Pausen mehr genießen?
   Raucher brauchen Pausen, weil die Gier sie treibt, nicht weil sie erschöpft wären!
→ Schmecken Zigaretten?
   Das ist der Irrtum, die entsteht, sobald Raucher den Gestank ignorieren können!
→ Entscheiden sich Raucher frei für Nikotingenuss?
   Nikotin bereitet keinerlei Genuss, stattdessen löst es Zwangshandlungen aus!

Zigarettenwerbung hat nur den Zweck, Raucher nachhaltig für dumm zu verkaufen. Und das macht sie auch! Zum Glück funktioniert das nur solange, wie Raucher das nicht verstanden haben. Sobald die Masche durchschaut ist, klappt sie nicht mehr. An dieser

Stelle möchten wir Ihnen ans Herz legen, das Ganze mit Humor zu betrachten. Denn Sie werden niemanden dafür zur Rechenschaft ziehen können, dass er Sie womöglich über Jahre an der Nase herumgeführt hat. Haken Sie es ab! Und freuen Sie sich auf ein Leben in Freiheit!

> **+++ Erfahrungsbericht +++**
>
> **Siegfried, 40 Jahre Raucher:**
> *Ich habe das bekommen, was ich seit 40 Jahren gesucht habe – Selbstvertrauen in Bezug auf die Sucht! Ich möchte nicht behaupten, dass ich vollkommen frei von gelegentlichen Gedanken an das Rauchen bin. Das Rüstzeug aber, das ich im Seminar bekommen habe, reicht locker aus, um auch solche Momente zu überstehen. Auch Freunde von mir, die das gleiche Seminar besucht haben, sind jetzt rauchfrei!*

Gleich kommt mein großer Auftritt. Gut aufpassen!

YACKs Parolen

Wenn Raucher an ihren falschen Überzeugungen zu zweifeln beginnen, oder wenn sie Angst vor gesundheitlichen Auswirkungen bekommen, schreitet YACK ein. Er versorgt den Raucher im richtigen Moment mit Beschwichtigungsformeln und Ausreden. Hier sind einige Beispiele seiner Parolen:

Du wirst schon nicht krank, schließlich treibst du Sport.
Tatsache ist aber, dass es jeden zweiten Raucher erwischt mit einer schweren Krankheit. Wenn Sie davor die Augen verschließen wollen, nur zu. Genauso können Sie nachts mit dem Auto fahren und dabei das Licht ausmachen. Dann sehen Sie den Straßenverkehr erst gar nicht und brauchen sich nicht mit möglichen Gefahren belasten.

Du rauchst ja die billigen.
Auch wenn es Schmuggelware ist oder selbstgedrehte oder gestopfte Zigaretten, es bleiben Unsummen, die für Dreck beim Fenster hinausfliegen. Außerdem: Lügen sind Lügen. Ob es billige oder teure Lügen sind macht keinen Unterschied.

Es gibt auch Nichtraucher, die Krebs bekommen.
Das mag schon sein, aber 95 Prozent der Patienten mit Lungenkrebs sind oder waren Raucher. Bei jeder anderen Statistik würden Sie sich an der höheren Wahrscheinlichkeit orientieren, aber beim Rauchen?

Opa war auch Raucher und ist 85 Jahre alt geworden.
Da kann man ihm nur gratulieren. Aber wie alt wäre er geworden, hätte er nicht geraucht? Doch auf die Jahre käme es nicht mal an. Die Lebenszeit, die Raucher verlieren, verschwindet nicht am Ende sondern jeden Tag beim Rauchen. Rauchen ist tote Zeit.

Irgendein Laster braucht der Mensch.
Warum sollte er das? Und wenn er wirklich eins brauchen sollte, muss es dann derartig ekelhaft sein?

Irgendeine Leidenschaft braucht der Mensch.
Halten Sie das Rauchen, ein zwanghaftes Verhalten, immer noch für eine Leidenschaft? Das ist es nicht! Es gibt so viele echte Leidenschaften, denen wir uns hingeben können. Suchen Sie die aus, die *Ihnen* wirklich gefällt! Dass Sie rauchen, gefällt nur den Tabakmultis.

Was wäre ein Biergartenbesuch ohne Zigarette?
Schöner, entspannter, gemütlicher, geselliger ...

Irgendjemand muss doch Steuern zahlen.
Dazu hätten wir ein paar Vorschläge: Wenn es mit Zigaretten zu tun haben soll, wie Sie den Staat unterstützen, dann können Sie das Zeug ja kaufen, aber Sie müssen es nicht rauchen. Kaufen Sie und werfen Sie es gleich weg, die Steuer ist dann schon bezahlt. Oder parken Sie Ihr Auto einfach falsch. Oder schummeln Sie bei der Steuererklärung zu Ihren Ungunsten.

Es gehört einfach zu dir.
Wenn es so wäre, wären Sie mit einem chemischen Reaktor und nicht mit Lunge, Leber, Magen geboren worden.

Raucher sind interessantere Leute.
Sie kennen bestimmt einen Nichtraucher, den Sie für langweilig halten. Stellen Sie sich vor, er würde plötzlich das Rauchen anfangen. Glauben Sie, nur dadurch würde er interessanter? Man ist entweder interessant oder man ist es nicht. Rauchen hat damit rein gar nichts zu tun.

Es befriedigt dich.
Es befriedigt die Sucht – nicht Sie!

Es hilft dir, wenn es dir mal wirklich dreckig geht.
Nehmen wir mal an, Sie würden Ihren Job verlieren. Dann brauchen Sie einen neuen. Wir wussten gar nicht, dass man über das Rauchen einen Job bekommen kann. Wir dachten immer, das geht mit Stellenanzeigen. Wäre eine schwierige Lebenssituation der tatsächliche Grund, warum Sie rauchen, dann würden Sie es nicht tun, wenn es Ihnen blendend geht. Aber da raucht man doch auch! Die Frage ist hier, wie weit man sich selbst betrügen kann, bis man merkt, dass einen das Rauchen nur noch tiefer hinunterzieht.

Von solchen Parolen hat Ihr YACK jede Menge auf Lager. Rauchen helfe bei dieser oder jener Sache, man könne es nur schwer aufhören, die Sucht sei stärker, nach dem Aufhören würde man Gewicht zulegen, das Aufhören bereite Schmerzen, und so weiter. Es klingt einfach besser zu sagen: „Ich rauche gern, weil ...", als die Wahrheit: „Ich rauche, weil ich das Aufhören nicht klappt." All diese Parolen sind Ausdruck der Unwissenheit und des Selbstbetrugs. Wenn Sie den Geschmackstest gemacht haben, kann es darüber keinen Zweifel mehr geben. Was außer Selbstbetrug soll es denn sein, wenn ein Raucher sagt: „Mir schmeckt´s"? Einen guten Grund, um das Rauchen anzufangen gibt es dagegen überhaupt keinen!

Und was sagt SGIB zu diesen Parolen? Nun, *was* er sagt, ist nicht schwer zu erraten. Er wird sämtliche Parolen als Unsinn erkennen und verwerfen. Interessant ist aber, *wann* er etwas sagt, und wann YACK seine Parolen ablässt. Das hat schlicht und ergreifend mit dem Nikotinpegel zu tun. Ist er hoch, gleich nach dem Rauchen, meldet sich SGIB, ist er niedrig, zwei Stunden später, meldet sich YACK.

+++ **Erfahrungsbericht** +++

Julia, Bankfachwirtin:
Ich bin froh, dass ich den Kurs besucht habe, da er mich in meiner Entscheidung mit dem Rauchen aufzuhören nur bestärkt hat. Wir haben sehr viel gelacht – besonders über die Geschichten, die Özgen aus seinem eigenen Raucherleben erzählt hat. Heute bin ich stolz, dass ich nicht mehr rauche. Außerdem habe ich dadurch viel weniger Stress.

Hoher Nikotinpegel (keine Gier) SGIB		Niedriger Nikotinpegel (totale Gier) YACK

Hör auf zu rauchen!

                                        Rauch eine!

Hör´s auf, es macht dich krank!

                            Dafür ist das Leben ein Genuss!

Du könnest Geld sparen!

                            Aber das Aufhören ist schwer!

Diesem endlosen und sinnlosen Hin und Her können nur Sie selbst ein Ende machen. Eine letzte YACK-Parole wollen wir noch nennen, denn die führt uns zum nächsten Kapitel.

        Das Geld würdest du für etwas anderes ausgeben.

Absolut richitg! Kein Mensch sagt, dass man das Zigarettengeld sparen müsste, wenn man es zur freien Verfügung hätte.

Geld zum Verbrennen

In Deutschland liegt der Preis für eine normale Schachtel Zigaretten mittlerweile bei etwa fünf Euro. Früher, zu D-Mark-Zeiten sagten viele Raucher: „Wenn die Schachtel mal fünf Mark kostet, dann höre ich auf!" In skandinavischen Ländern kostet eine Schachtel teilweise mehr als zehn Euro! Aber hören Raucher deswegen auf? Nein! Es geht also nicht darum, ob wir uns das leisten können – wir können! Sogar Kinder legen zusammen und lassen sich von volljährigen Freunden Kippen besorgen, oder sie kennen einen Automaten, bei dem die Altersverifizierung nicht funktioniert. Die Frage ist: *wollen* wir uns diesen Dreck leisten, um dafür etwas anderes nicht zu haben?

Wir haben gezeigt, dass es beim Rauchen ausschließlich um das Nikotin geht: „Noch nie wurde jemand zum Raucher, indem er Zigaretten ohne Nikotin geraucht hat", Sie erinnern sich. Das bedeutet, Raucher zahlen im Endeffekt nur für das Nikotin, alles andere ist bedeutungslos. Nun hat uns interessiert, wieviel Geld das Nikotin eigentlich wert ist. Dazu haben wir die folgende Rechnung gemacht:

Nehmen wir an, eine Zigarette liefert Ihnen 0,8 Milligramm Nikotin, also 0,0008 Gramm. Sagen wir der Einfachheit halber, eine Schachtel hätte 20 Zigaretten und würde fünf Euro kosten. Dann kostet eine Zigarette 25 Cent. 0,0008 Gramm Nikotin kosten damit 0,25 Euro. Wollen wir nun wissen, was ein Gramm Nikotin kostet, dann multiplizieren wir mit 10.000, damit die Nullen verschwinden, und erhalten so den Preis für acht Gramm Nikotin: 2.500,- Euro. Ein Gramm kostet also 2.500,- Euro geteilt durch acht: 313,- Euro. Hier nochmal übersichtlich:

0,8 mg Nikotin	=	0,0008 g
1 Zigarette	=	0,25 €
0,0008 g Nikotin	=	0,25 €
8 g Nikotin	=	2.500,-- €
1 g Nikotin	**=**	**313,-- €**

Für ein Gramm Zucker zahlen Sie 0,1 Cent. Nikotin ist also eine unglaublich wertvolle Substanz. Das wird wahrscheinlich nur noch übertroffen von Gold, dachten wir uns und schauten mal nach. Zu unserer Überraschung stand ein Gramm Gold am 15.04.2015 bei einem Tageskurs von 36,29 Euro.[29] Das bedeutet, dass Raucher für jedes Gramm Nikotin etwa das Achtfache dessen einsetzen, was dieselbe Menge Gold kosten würde. Geld spielt also nun wirklich überhaupt keine Rolle beim Rauchen. Nikotin ist Rauchern ein Vielfaches von Gold wert! Es gibt übrigens auch Goldautomaten.

29 http://www.finanzen.net/rohstoffe/goldpreis/euro

Man kann dort Gold ziehen, wie anderswo Zigaretten. Würden Sie eine Unze ziehen, um sie gleich anschließend auf den Müll zu werfen? Bei Zigaretten machen Sie´s! Und was haben Sie davon?

Früher, als es noch Zinsen gab auf Geld, das bei der Bank lag, ließ sich anschaulich zeigen, welche Vermögen im Laufe von fünf, zehn oder 20 Jahren zusammen kamen, wenn ein Raucher sein Geld statt zum Zigarettenautomaten auf die Bank tragen würde. Für den durchschnittlichen Schachtelraucher waren das schon über 10.000,- Euro bei fünf Prozent Zins nach fünf Jahren. Klingt nicht schlecht, oder? Heute, in Zeiten niedriger Zinsen sollten wir solche Vergleiche vielleicht mit Immobilien machen. Für uns, die wir in der 40-Stück-pro-Tag-Klasse geraucht haben, ging alle 15 Jahre der Gegenwert eines schönen Appartements in guter Lage durch die Lunge.

Oder sind Sie jemand, der gerne spart? Wenn Sie wissen, dass der Sprit an einer bestimmten Tankstelle um fünf Cent billiger ist, würden Sie dorthin fahren? Immerhin machen Sie an dieser Stelle vielleicht zwei Euro gut. Aber die dann wieder hinauswerfen für Dreck?

Geld ist nur ein Nebeneffekt, wenn es um das Rauchen geht. Sie brauchen sich keine Sorgen zu machen um das Geld, das Sie buchstäblich in Asche verwandeln. Sie haben es ja! Es fehlt Ihnen nicht. In dem Moment, wo Sie es für Zigaretten nicht mehr brauchen, ist es vielleicht sogar zu viel auf Ihrem Konto. Sie können sich damit aber auch das Leben schöner machen. Jeden Tag, jede Woche, jeden Monat – ein ganzes Leben lang! Darüber machen wir uns später nochmal Gedanken. Aber erst dann, wenn Sie im Bezug auf das Rauchen Ihre Entscheidung getroffen haben. Solange der sprichwörtliche Bär nicht erlegt ist, brauchen wir uns keine Gedanken um sein Fell zu machen.

+++ **Erfahrungsbericht** +++

Christian, 17 Jahre Raucher:
Vor genau einem Jahr habe ich an ihrem Seminar teilgenommen. Ich bin Nichtraucher!!! Es hat hervorragend geklappt! In den wenigen Situationen, in denen ich mich nach einer Zigarette gesehnt habe, haben mir die Tipps geholfen. Ich kann aber heute überhaupt nicht mehr verstehen, wie ich so lange rauchen konnte. Vielen Dank für das tolle Seminar.

Die Zigarette – Anatomie einer Designerdroge

Kurz zur Wiederholung: Werbung manipuliert, echte Gründe für das Rauchen gibt es nicht (was Raucher sich selbst einreden, sind falsche gedankliche Verknüpfungen, die zu einer unbewussten Zwangshandlung, dem Rauchreflex, führen), der einzige Grund zu rauchen ist die Suchtbefriedigung, und wenn Sie in Zukunft nicht mehr rauchen, würden Sie viel Geld für andere Dinge ausgeben können.

Machen wir weiter mit der Zigarette an sich. Was wissen Sie darüber? Können Sie, nur als Beispiel, zehn Inhaltsstoffe aufzählen? Könnten Sie auch sagen wofür diese Stoffe gedacht sind und wie sie wirken? Vielleicht denken Sie an dieser Stelle, das wäre eine etwas naive Frage, denn selbstverständlich ist Tabakrauch schädlich. Doch genau diese Pauschalurteile verhindern, dass Sie eine Entscheidung treffen können. Im Grunde ist es ähnlich wie bei Kindern, wenn sie das Versteckspielen lernen. Die machen einfach die Augen zu und denken sich: „Wenn ich nichts sehe, dann sieht man mich auch nicht." Aber den Inhaltsstoffen in Zigaretten ist es egal, ob sie jemand sieht oder kennt oder nicht. Sie wirken! Jeder auf seine Weise. Und jeder aus einem bestimmten Grund.

Die Inhaltsstoffe von Zigaretten

Werbung wird auch gegen das Rauchen gemacht. Zum Beispiel gab es in Frankreich eine Kampagne, die mit Motiven aus der Marlboro-Werbung arbeitete. Auf den Plakaten waren zwei Cowboys zu sehen.

Der eine sagte zum anderen: „Bob, j´ai le cancer!", „Bob, ich habe Krebs!"[30] Wie kommt er nur auf diese Idee? Die Tabakindustrie hat es ihm nicht erzählt, dass die Ursache seiner Krankheit in Zigaretten zu finden sein könnte. Nicht freiwillig jedenfalls.

Manchmal holt einen Mitarbeiter dieser Branche das schlechte Gewissen ein. Das passiert leider viel zu selten. Der Fall Jeffrey Wigand war allerdings ziemlich eindrucksvoll mit einem gewaltigen Medienecho. Wigand hatte auch viel zu erzählen. Als Chemiker und Mitglied des Vorstands von „Brown & Williamson Tobacco", einem der größten Tabakkonzerne der USA, wusste er genau, zu welchen Zwecken einige Hundert Zusatzstoffe dem Tabak beigemischt werden. Sie haben richtig gelesen: Einige Hundert! Wigand spricht von „zirka 600 Zusatzstoffen"[31]. Er stieg aus, als es darum ging, Kumarin wieder beizumischen, nachdem Versuche fehlgeschlagen waren, es zu ersetzen. Der Zweck des Kumarins war, die Zigarette süß zu machen[32]. Allerdings wusste Wigand von Studien, die Kumarin als krebserregenden Stoff auswiesen. Außerdem kommt es in Rattengift zum Einsatz, um die Ratten verbluten zu lassen. Das war für Wigand, der zeitweise glaubte, sein Arbeitgeber wäre interessiert daran, eine gesündere Zigarette herzustellen, zu viel. Er weigerte sich, Kumarin weiterhin zu verwenden, und wurde prompt mit fadenscheiniger Begründung gefeuert. Einem Tabakmulti die Stirn zu bieten kostete Wigand Geld, eine Ehe, den Kontakt zu seinen Kindern und eine Menge Nerven. Die Geschichte wurde im Jahr 1999 von Michael

---

30 http://www.hirama-byouin.or.jp/muen/who-posters.pdf
31 http://www.stern.de/lifestyle/leute/was-macht-eigentlich-jeffrey-wigand-511226.html
32 http://www.jeffreywigand.com/60minutes.php

Mann verfilmt. Der Titel lautet: The Insider. In den Hauptrollen können Sie Russel Crowe als Jeffrey Wigand sehen und Al Pacino als den Reporter Lowell Bergman, der die ganze Geschichte an die Öffentlichkeit brachte.

Was dachten Sie, was in Zigaretten steckt? Tabak vielleicht? Der sicher auch, aber 600 Zusatzstoffe? Und welche? Kann man die sehen? Man kann! Zum Beispiel Aceton. Das ist Nagellackentferner. Wenn Sie Zigarettenrauch in einen Wattebausch blasen, dann wird sich die Watte braun verfärben. Falls Sie Ihre Fingernägel lackiert haben, können Sie nun mit der beblasenen Watte den Lack problemlos herunter wischen. Das ist eines der praktischen Beispiele, mit denen Jeffrey Wigand in seinem Leben nach der Tabakindustrie in Schulen Aufklärungsarbeit betreibt. Die Frage, die sich nun stellt, lautet: Wenn Zigarettenrauch Lack von den Nägeln entfernen kann, was macht er dann in der Lunge?

Zigarettenrauch schadet nicht nur Nagellack, er kann auch Autolack schaden. Warum entfernen Sie Vogeldreck von der Kühlerhaube? Weil er den Lack beschädigen wird. Das bewirkt das Ammoniak darin. Zigaretten enthalten ebenfalls Ammoniak, weil Ammoniak die Suchtwirkung erhöht, indem es das Nikotin schneller macht. Wieder stellt sich die Frage: Wenn Ammoniak den Lack meines Autos beschädigen kann, was macht es wohl in der Lunge?

War Ihnen bewusst, dass Sie mit jedem Zug an einer Zigarette Aceton und Ammoniak einatmen? Und, wenn nein, warum nicht? Ist etwa auf der Schachtel zu wenig Platz für eine Liste der Inhaltsstoffe?

Oder wäre in der Schachtel kein Platz mehr für einen Bypackzettel? Bei jedem Müsliriegel können Sie sofort sehen (mit einer Lupe zwar, aber immerhin) was Sie zu sich nehmen, aber bei Zigaretten? Können wir daraus schließen, dass Zigaretten weniger schädlich sind als Müsliriegel?

Wenn Sie gar nicht locker lassen und unbedingt wissen wollen, was Sie sich alles einverleiben mit einer einfachen Zigarette, dann können Sie in der sogenannten Künast-Liste nachschauen. „Künast-Liste" heißt sie, weil sie eingeführt wurde, als Renate Künast Verbraucherschutzministerin war. Sie finden diese Liste auf der Webseite des Bundesministeriums für Ernährung und Landwirtschaft (BMEL). Dort gibt es eine Suchmaschine. Wenn Sie „Tabak" und „Zusatzstoffe" eingeben, dann werden Sie zu einem Artikel verlinkt mit dem Titel: „Was steckt in meiner Zigarette wirklich drin?" Nehmen wir an, Sie sind Marlbororaucher und wollen jetzt wissen, was die Firma Philipp Morris ihren Produkten beimischt, dann geben Sie in der Datenbankabfrage „Marlboro" ein.

Die Datenbank listet Ihnen dann 53 Zusatzstoffe für die Marke Marlboro (Red) HP 20 auf, also für Zigaretten, die aus der normalen Marlboroschachtel kommen[33] Wo bleiben dann die anderen 550 Stoffe, von denen Jeffrey Wigand spricht? Wahrscheinlich handelt es sich bei diesen Stoffen um Geschäftsgeheimnisse. Nach § 5 der Tabakprodukt-Verordnung ist bei der Veröffentlichung der Zusatzstoffe, zu der das Ministerium verpflichtet ist, dem Schutz von Ge-

---

[33] https://service.bmel.de/tabakerzeugnisse/index2.php?detail_id=105498&site_key=153&stichw_suche=Marlboro&zeilenzahl_zaehler=48

schäftsgeheimnissen Rechnung zu tragen. Das heißt, der Verbraucher erhält Auskunft über nicht einmal zehn Prozent der Stoffe, die sich in einer Zigarette befinden, wenn Jeffrey Wigand die Wahrheit gesagt hat. Machen wir eine Stichprobe: Ammoniak! Wigand hat von der Sucht erhöhenden Wirkung von Ammoniak gesprochen. Aus internen Dokumenten der Tabakindustrie wissen wir auch, dass der überragende Erfolg der Marke „Marlboro" auf die großzügige Verwendung von Ammoniak zurückzuführen ist. Aber finden wir Ammoniak in der Datenbank des BMEL? Seltsamerweise nein!

Bleibt als letzte Möglichkeit sich zu informieren, die „Verordnung über Tabakerzeugnisse (Tabakverordnung)"[34]. Hier geht es nicht um Stoffe, die in den einzelnen Marken enthalten sind, sondern um alle Substanzen, die bei der Zigarettenherstellung überhaupt erlaubt sind. Aber auch hier: Fehlanzeige bei Ammoniak! Die Lösung des Rätsels ist, Ammoniak ist ein Gas und entsteht erst, wenn die Zigarette angezündet ist. Dann braucht es natürlich nicht in einer Liste stehen, die von Inhaltsstoffen in Zigaretten handelt. Fragt sich nur, wozu eine solche Liste dann überhaupt gut sein soll. Unserer Meinung nach zu gar nichts. Sie ist das Papier nicht wert, auf dem sie gedruckt ist. Raucher konsumieren ja nicht Zigaretten, indem sie sie essen, sondern Rauch aus Zigaretten, indem sie ihn einatmen. Sie erinnern sich: Zigaretten sind nur die Verpackung für den Rauch! Also wozu dann die Datenbank des BMEL und die ganzen Verordnungen? Damit wir uns von Politikern besser anlügen lassen können? Ammoniak ist Sucht verstärkend *und* krebsfördernd[35], aber es

---

34 http://www.gesetze-im-internet.de/bundesrecht/tabv_1977/gesamt.pdf , zuletzt geändert im Dezember 2014
35 http://www.gesundheit.com/gc_detail_4_gc04110801.html

kommt in der Künast-Liste nicht vor, weil die Zigarette ein Ammoniak*reaktor* ist. Was sollte es vor diesem Hintergrund bedeuten, wenn Frau Künast bei Einführung der Liste erklärte, krebserregende Stoffe würden verboten, sobald sie bekannt würden?[36] Wohl gar nichts, aber im Resultat wurden die Verb*Raucher* wieder einmal für dumm verkauft!

Sie sehen hier in aller Deutlichkeit, dass die Welt des Tabaks eine Welt der Lüge und der Täuschung ist. Wollen Sie da leben? Wir nicht! Ärgern Sie sich vielleicht, dass Sie angelogen werden? Das wäre normal. Doch gehen wir einen Schritt weiter und betrachten uns, was nun das eigentliche Produkt, der Zigarettenrauch, alles enthält.

Das Gift in der Glut

Bevor Sie weiterlesen, machen Sie sich bitte bewusst, dass sich Raucher die im Folgenden beschriebenen Substanzen einverleiben und dafür nichts als eine Illusion erhalten. Insgesamt geht es um über 4.800 Stoffe, 69 davon krebserregend[37]. Diese Informationen liefert uns die Weltgesundheitsorganisation WHO.

Damit wir uns zurechtfinden in den 4.800 Substanzen, machen wir erst mal eine grobe Gliederung: Tabakrauch enthält bluttoxische, neurotoxische, karzignogene und reizende Substanzen, also Blutgifte, Nervengifte, krebserregende Stoffe und solche, die die menschliche Oberfläche irritieren, reizen oder verätzen können.

---

36 http://www.handelsblatt.com/politik/deutschland/nikotin-diskussion-union-will-totales-zigaretten-verbot/2504226.html
37 http://de.wikipedia.org/wiki/Tabakrauch

Im Einzelnen hätten wir zum Beispiel
Teer,
ein flüssiges, schwarzbraunes Kohlenwasserstoffgemisch. Täglich eine Schachtel geraucht, ergibt jährlich eine Tasse Teer – in der Lunge! Darauf wollen Sie doch bestimmt nicht verzichten. Oder etwa

Stickoxide,
das sind Oxidationsmittel zur Gewinnung von Salpetersäure. Eine Form davon ist Lachgas. Deshalb lachen Raucher wahrscheinlich so oft. Oder denken Sie nur an das leckere

Formaldehyd,
ein stechend riechendes Gas, mit dem in Krankenhäusern Bakterien und Viren vernichtet werden. Weil es aber krebserregend ist, hat der Gesetzgeber die Verwendung sehr eingeschränkt. Wenn wir schon bei *-hyd* sind, machen wir gleich weiter mit

Acetaldehyd.
Es erhöht die Suchtwirkung und ist krebserregend. Ist es Ihr Ziel, besonders gründlich angelogen zu werden? Dann kaufen Sie eben Zigaretten mit besonders viel Acetaldehyd! Fragen Sie einfach beim Hersteller nach. Erinnern Sie sich bitte an dieser Stelle, dass Raucher nicht mehr oder weniger süchtig sein können, es gibt nur Ja oder Nein. Die Illusion kommt nur um so gründlicher zustande, je schneller eine Droge wirkt. Und dafür sorgt das Acetaldehyd, das Sie bei Ihrer Kaufentscheidung bestimmt berücksichtigt haben, in Verbindung mit

Ammoniak,
wie Jeffrey Wigand erklärt hat. Doch Ammoniak kann noch mehr. Es reduziert den Kater nach einem Abend, an dem man zu viel geraucht

hat. Das fanden Wissenschaftler für die schon erwähnte Firma Brown & Williamson Tobacco im Jahr 1989 heraus. Bei B&W wollte man wissen, warum Marlboro im Vergleich zu anderen Marken so erfolgreich ist. Des Rätsels Lösung: Ammoniak. Auf den wollen Sie bestimmt auch in Zukunft nicht verzichten. Durch das

Naphtalin

haben Raucher die Sicherheit, dass sie nicht von Motten gefressen werden. Normalerweise kommt es nämlich in Mottenkugeln zum Einsatz oder in Holzschutzmittel. Aber eben auch im Tabakrauch. Da kann es zu Schleimhautreizungen und Verwirrtheitszuständen führen. Es ist sozusagen ein Kombigift, es ist reizend *und* geht an die Nerven. Super Sache! Wohl bekomm´s! Ähnlich funktioniert

Acrylnitril,

es reizt die Nieren und kann Angstzustände auslösen. Ein echter Knaller! Nur an einer Front, dafür aber um so toller wirkt

Styrol;

es beeinflusst das Gehirn und kann zu Depressionen führen. Das ist doch viel zu lecker, um es weg zu lassen! Ebenso das

Toluol,

welches zu Schlafstörungen, Schüttellähmungen, Sprachstörungen und sogar zu Hirnschrumpfung führen kann. Sie haben bestimmt lieber mal eine Schüttellähmung, als das Ende der Illusion, Rauchen helfe bei Stress, oder? Als nächstes haben wir was für die Damen:

Cadmiumchlorid!

Das nistet sich gerne in der Gebärmutter ein und kann Fehlgeburten auslösen. Das Risiko einer Früh- oder Fehlgeburt steigt durch das Rauchen um 50 Prozent[38]. Aber auch wenn alles glatt geht, die Kin-

---

38 http://www.mamiweb.de/familie/rauchen-in-der-schwangerschaft-die-

der kommen dann mit einem Entzugssyndrom zur Welt. Welches Kind schreit wohl mehr? Das, das nur Hunger hat, oder jenes, das zusätzlich unter Entzug leidet? Denn eins sollte klar sein, das

Nikotin

macht vor dem Baby nicht Halt, wenn es im Blutkreislauf der Mutter ist, und dann verursacht es beim Baby dasselbe sinnlose Loch im Bauch wie bei der Mutter. Nikotin haben wir weiter oben schon unter die Lupe genommen. Machen wir weiter mit

Polonium 210,

eine radioaktive Substanz, die in kleinsten Mengen tödlich ist. Vielleicht erinnern Sie sich noch an den Giftmord an einem russischen Agenten im Jahr 2006 in London[39]. Die Attentäter verwendeten Polonium 210. Das ist ein sogenannter Alphastrahler. Er sendet also nur kurze, acht bis zehn Zentimeter lange Wellen aus. Durch die Haut kommt ein Alphastrahl nicht durch von außen. Aber er kommt auch nicht mehr heraus, wenn er mal drin ist! Deshalb strahlen Raucher. Starke Raucher können es sich sparen, das Licht an zu knipsen in der Nacht ... OK, das war jetzt ein schlechter Witz. Kein Witz ist, dass das Zeug in jede Richtung strahlt und deshalb auch dort Krebs auslösen kann, wo gar kein Rauch hinkommt. Haben Sie schon mal eine Röntgenaufnahme machen lassen, zum Beispiel beim Zahnarzt? Stellen, die für die Diagnose nicht benötigt werden, deckt der Arzt sorgfältig ab, bei der Aufnahme selbst geht er aus dem Raum. Er weiß, wie gefährlich das ist, und dass man sich dieser Strahlenbelastung nur im Notfall aussetzen sollte. Die Strahlenbelastung, die ein durchschnittlicher Schachtelraucher jeden Tag auf-

---

unterschaetzte-gefahr-/1
39 http://www.spiegel.de/jahreschronik/a-453552.html

nimmt, entspricht einer Röntgenaufnahme für den kompletten Oberkörper – *jeden Tag*![40]

Diese Liste können Sie selbst weiterführen als Ihre FUMITO Liste 3 „Gift des Tages / der Woche". Neben dem Nikotin, das weiter oben behandelt wurde, wollen wir noch einen Stoff herausheben. Auch dieser ist in der Datenbank des BMEL nicht zu finden, weil er erst beim Brand entsteht: Kohlenstoffmonoxid – CO.

Kohlenstoffmonoxid

Im Vergleich zu Ihrem Gehirn können Sie auf einen Zeh, einen Fuß oder sogar ein ganzes Bein problemlos verzichten. Das Gehirn ist Ihr mit Abstand wichtigstes Organ, Ihr Gehirn, das sind Sie selbst! Das Leben würde ohne manche Extremität auch weiter gehen, aber nicht ohne Gehirn. Wenn Sie gehirntot wären und es fände sich tatsächlich ein Spender, dann hätten Sie überhaupt nichts davon, aber der Spender würde sich fragen, warum er plötzlich so aussieht wie Sie, wenn er in den Spiegel schaut. So ähnlich hat das der bekannte Gehirnforscher Prof. Dr. Manfred Spitzer einmal formuliert. Die Natur hat es deshalb so eingerichtet, dass das Gehirn des Menschen unter allen Umständen immer optimal versorgt wird. Es gibt sieben Dinge, die das Gehirn überhaupt nicht mag: Drogen, Stress, Langeweile, Bewegungsmangel, schlechte Ernährung, Wassermangel und, am allerwenigsten, einen Mangel an Sauerstoff! Kohlenstoffmonoxid (CO) beeinträchtigt die Sauerstoffversorgung akut. Es ist eines der giftigsten Gase überhaupt. Es sorgt dafür, dass Raucher nach einer Zigarette matt, antriebslos und erschöpft sind (sie sagen dann, sie seinen

---
40 http://www.radiologie-sudenburg.de/leistungen/strahlenschutz

entspannt). Auch die ungesunde Hautfarbe geht darauf zurück. Warum ist das so? Ganz einfach, CO dreht uns die Luft ab! Vielleicht erinnern Sie sich an die Tragödie in Arnstein (Unterfranken)[41], als sechs Jugendliche in einer Hütte nach einer Geburtstagsfeier im Schlaf starben, weil sie den vermutlich defekten Ofen anheizten. Todesursache war eine CO-Vergiftung!

Jeder Rettungssanitäter kann bestätigen, dass bei einer Rauchvergiftung der Puls nach oben schießt und viele Patienten Angstzustände haben, sofern sie das noch äußern können. Eine Zigarette zu rauchen ist nichts anderes, als sich eine kleine Rauchvergiftung zu verpassen. Das Gehirn registriert Sauerstoffmangel (der Patient hat Angstzustände) und setzt die Stressreaktion in Gang. Adrenalin wird ausgeschüttet und der Blutdruck geht im ersten Moment nach oben. Solange es mit den giftigen Gasen nicht zu viel wird, klappt diese Notwehrreaktion. Wenn aber keine Erleichterung eintritt, bricht der Kreislauf innerhalb von ein paar Minuten völlig zusammen, der Tod tritt ein. Das bedeutet, der nach dem Rauchen erhöhte Puls ist auf CO zurückzuführen und nicht auf Nikotin! Wäre der hohe Puls auf das Nikotin zurückzuführen, dann müsste der bei E-Zigarettenrauchern ja ebenfalls zu beobachten sein, ist er aber nicht[42]. Diese Tatsache ist nachher nochmal wichtig, wenn es um den zwanghaft

---

41 http://www.stern.de/gesundheit/kohlenmonoxid-vergiftung-arnstein-teenager-tod-7305378.html
42 Die Steigerung von Puls und Blutdruck ist ein typisches Zeichen einer Rauchgasvergiftung, siehe:
http://www.brandwacht.bayern.de/pdf/5_09_erste_hilfe_gasvergiftungen_1.pdf .
Nikotin kann nicht die Ursache sein, wie oft behauptet wird, sonst würde der Effekt auch bei E-Zigaretten zu beobachten sein, siehe: Farsalinos et al.; Acute effects of using an electronic nicotine-delivery device (e-cigarette) on myocardial function: comparison with the effects of regular cigarettes, in: European Heart Journal (2012), 33.

erhöhten Kalorienverbrauch der Raucher geht. Viele haben ja Angst, sie würden Gewicht zulegen nach dem Rauchstopp, oder sie glauben, Rauchen mache schlank. Sie werden sehen, dass auch dies ein Irrtum ist. Ein Raucherherz muss schuften wie der Heizer einer Dampflokomotive, wenn es bergauf geht. Nach einer halben Stunde wird es wieder besser, sodass das Gehirn melden kann, es ist alles wieder normal. Was denkt sich nun das Herz? Puh, ich gönn´ mir mal ´ne Pause, weil ich erschöpft bin. Der Raucher fühlt sich müde. Was macht er dann? Eine rauchen, um wieder in Gang zu kommen! Damit geht das Spiel von vorne los. Ist es wirklich das, was Sie wollen, wenn Sie rauchen? Natürlich nicht! Aber etwas anderes bekommen Sie niemals! Wenn Sie das nicht wirklich wollen, müssen Sie es auch nicht tun! Sie *können* und *dürfen* es bleiben lassen!

Bleiben wir noch einen Moment beim Kohlenmonoxid, CO. Der Organismus konzentriert sich bei Sauerstoffmangel auf die Versorgung der wichtigsten Organe. Das ist allen voran das Gehirn, dann das Herz und die inneren Organe. Aber was passiert an den weiter entfernten Regionen? Hier treten die Mangelerscheinungen zuerst auf.

Vielleicht erinnern Sie sich an abschreckende Filme über das Rauchen im Biologieunterricht. Es gab eine Zeit da galt es als sinnvoll, schreckliche Dinge über die möglichen Folgen des Rauchens zu zeigen. Das wichtigste Mittel dieser gut gemeinten, aber, unserer Meinung nach, leider weitgehend nutzlosen Abschreckungstaktik sollte sein, junge Menschen durch Schockbilder von Rauchen abzuhalten. Was damals schon nicht funktioniert hat, wird auch nichts bringen, wenn Schockbilder auf den Schachteln erscheinen. Wir hatten sogar nahe Verwandte, die sich in erbärmlichste Zustände hineingeraucht hatten, doch nicht einmal das lebende Beispiel von am Rauchen zugrunde gehenden Familienangehörigen konnte uns davon abbringen. Doch zum Biologieunterricht: Es gab einen Film, der zeigte die Amputation eines Raucherbeines. Ein Arzt sägte mitten durch den Oberschenkelknochen. Was war die Ursache für diese lebensrettende Operation? Das Nikotin? Nein, es war CO!

Doch machen Sie sich deswegen keine Sorgen. Die heutige Medizin ist in der Lage, geschädigtes Gewebe recht lange zu erhalten. In der Praxis sieht es dann so aus, dass nicht das ganze Bein auf einmal, sondern erst die Zehen, dann der Fuß, dann das Knie und erst zum Schluss der Rest bis zum Hüftgelenk entfernt werden. Man hat also Zeit, sich daran zu gewöhnen. Ist Rauchen doch eine Gewohnheit?

Wir erzählen Ihnen das alles nicht, weil wir Sie ängstigen wollen. Das bringt ja nichts. Aber eine echte Bedrohung ist es dennoch. Wir wollen Sie einladen, sich die Gegenleistung für die Bedrohung bewusst zu machen: *Null!* Für das höhere Risiko Migräne, Demenz, Impotenz, Infarkte, Amputationen zu erleiden, erhalten Raucher als Gegenleistung *überhaupt nichts*, nur ein paar Illusionen. Sucht ist nichts anderes als Täuschung, als falsch konditionierte gedankliche Verbindungen, wie wir oben gezeigt haben. Komischerweise gibt es zwischen Rauchen und den damit einhergehenden Krankheiten *keine* gedanklichen Verbindungen. Diesbezüglich gibt es nur einen gedanklichen *Reflex*: „Mich wird's schon nicht treffen". Aber das erhöhte Krankheitsrisiko ist Tatsache, im Gegensatz zu den Denkfallen!

Die Optik der Designerdroge

Nun haben wir lange genug über Dinge geschrieben, die man nicht sehen kann. Das können Sie glauben und sich bei jedem weiteren Zug an Zigaretten bewusst machen, wenn Sie bei der Wahrheit bleiben wollen, oder Sie können sagen: „Was die behaupten stimmt vielleicht, aber mich wird's schon nicht treffen mit einer Krankheit, außerdem schmeckt´s mir, vor allem das Formaldehyd".

Doch so tief brauchen wir eigentlich gar nicht zu gehen, wenn wir das Gift an der Zigarette zeigen wollen. Es reicht, wenn Sie sich eine mal genau anschauen. So, wie wir das jetzt vorschlagen werden, macht man es als Raucher natürlich nie, aber besser wär´s. Beginnen wir mit dem Papier einer Standard-Markenzigarette. In der Regel ist es weiß. Doch so ohne Weiteres ist Papier nicht weiß, man muss nachhelfen: mit Bleiche. Das heißt, Sie ziehen sich mit jedem Zug an der Zigarette *Bleiche* hinein. Das Papier hat längs eine Naht, an der es verklebt ist. Zum Kleben braucht man Leim. Wir ziehen uns also verbrannten *Leim* in die Lunge mit jedem einzelnen Zug. Mahlzeit!

Weiterhin lässt sich beobachten, dass eine Zigarette, einmal angezündet, fast von selbst bis ans Ende durchbrennt. Wenn Sie aber unbehandelten Tabak anzünden wollen, dann wird er nicht brennen. Die teuren kubanischen Zigarren gehen ständig aus, wenn man nicht daran zieht wie ein Ochse[43]. Warum klappt das dann bei Zigaretten?

---

[43] Da fällt uns ein Witz ein, den wir mal aufgeschnappt haben: Was ist der Unterschied zwischen einem Ochsenfuhrwerk und einer Zigarette? Am Ochsenfuhrwerk ziehen 2!

Weil das Papier mit sogenannten Flottbrennstoffen behandelt ist. Beim Grillen verwendet man übrigens ähnliche Brandbeschleuniger. Guten Appetit!

Ist das nun ein Genussmittel? Oder ist es eine unvorstellbar raffinierte Designerdroge? Sie haben die Wahl! Niemand zwingt Sie dazu, diesen Haufen Dreck aufzunehmen. Im Gegenteil, sogar die Zigarettenhersteller warnen Sie durch Aufdrucke auf den Schachteln, die bekannten „Warnhinweise". Da steht doch, dass das Zeug Acrylnitril und sonst was enthält, dass es Sie am Ende gar impotent machen kann. Aber nein, die Raucher *wollen* das, oder?

Gesünder rauchen?

Haben Sie jetzt, nach all diesen Informationen einen gewissen Ekel vor der Zigarette? Vielleicht doch ein wenig Angst, Sie könnten sich was einfangen damit? Kein Problem. Für die ängstlichen Raucher gibt es voraussichtlich bis zum Jahr 2020 noch Zigaretten mit Menthol. Dann sollen sie abgeschafft werden[44]. Damit können Raucher ihr Halswehbonbon auch rauchen, statt es zu lutschen. Das Menthol wird dafür sorgen, dass der Schmerz ein wenig zurückgeht. Nicht, dass damit die Ursache weg wäre, aber man merkt es nicht mehr so stark, weil man betäubt ist.

Raucher, die es glauben wollen, reden sich ein, mit Mentholzigaretten eine gesündere Zigarette zu rauchen. Tatsächlich sind sie nur betäubt, spüren den ätzenden Rauch weniger, ziehen ihn deshalb tie-

---

[44] http://www.sueddeutsche.de/wirtschaft/tabakindustrie-eu-verbietet-mentholzigaretten-ab-1.1846653

fer hinein und leiden daher häufiger an schweren Atemwegserkrankungen wie einem Lungenemphysem.

In dieselbe Richtung zielt die Masche der Zigaretten „ohne Zusätze". Auch hier soll dem Käufer vermittelt werden, er rauche ein „natürliches", ein gesundes Produkt. Zigarette ohne Zusätze? Glauben Sie das? Dann glauben Sie wahrscheinlich auch an den Osterhasen, oder? Aber warum sollten Sie nicht an den Osterhasen glauben: die schon erwähnte „Künast-Liste" liefert Ihnen als Zusatzstoff bei Zigaretten der Marke „Manitou Virginia Gold" nur die wirklich unverdächtige Substanz *Wasser*! Können wir also rauchen, statt zu trinken? Die Erklärung für die Lückenhaftigkeit der Liste ist unseres Erachtens der Gipfel der Unverschämtheit: „Tabakzusatzstoffe wurden nicht im Format der EU-Empfehlung eingereicht, daher fehlen Angaben [...]"[45]. Das heißt, wenn ein Tabakkonzern restlos verschleiern will, welchen Dreck er seinen Opfern unterjubelt, dann braucht er nur seine Angaben in einem ungewöhnlichen Datenformat einzureichen. Aber der Raucher hat einen Grund zu glauben, was er gerne glauben möchte. Im Fußballjargon würde man sagen, das ist eine Steilvorlage für die Vogel-Strauß-Taktik, damit Raucher sich ihr Verhalten harmlos reden können. Ist nun die „Künast-Liste" ein Instrument des Verbraucherschutzes oder ist sie ein Instrument des Tabakmarketings? Entscheiden Sie selbst!

Auch Zigaretten mit niedrigerem Schadstoffgehalt, die „leichten", sind nichts als ein Trick zur Verharmlosung. In den Beneluxländern

---

45 https://service.bmel.de/tabakerzeugnisse/index2.php?
   detail_id=105490&site_key=153&stichw_suche=Manitou&zeilenzahl_zaehler=8

gibt es Bypackzettel, wenn Sie Zigaretten stangenweise kaufen. Dort heißt es: „[...] Gehen Sie nicht davon aus, dass Zigaretten mit niedrigeren Teerwerten für Sie weniger schädlich oder gesünder sind. [...] Die angegebenen Teer-, Nikotin- und Kohlenmonoxidwerte entsprechen nicht unbedingt der von Ihnen tatsächlich inhalierten Teer-, Nikotin- und Kohlenmonoxidmenge, da Menschen nicht wie die in den Testverfahren verwendeten Maschinen rauchen. *Die von Ihnen tatsächlich inhalierte Teer-, Nikotin und Kohlenmonoxidmenge hängt davon ab, wie Sie rauchen. [...]*". Was nützen dann die Angaben auf den Schachteln?

Die im Testverfahren verwendete Maschine zieht an jeder Zigarette auf exakt dieselbe Weise. Was passiert aber, wenn wir kleine Löcher ins Zigarettenpapier stanzen? Dann wird Rauch entweichen, bevor er die Sensoren der Testmaschine erreicht. Logischerweise werden die Werte niedriger ausfallen. Vielleicht kennen Sie eine Person, die sehr „leichte" Zigaretten raucht. Nehmen Sie eine davon und brechen Sie sie am Filter ab. Die Bruchstelle wird glatt sein, fast wie mit dem Messer geschnitten. Dagegen wird eine Zigarette mit „vollem Geschmack" unsauber brechen, weil sie diese Ventilationsöffnungen nicht hat. Bei ganz „leichten" sind sogar noch im Filter Perforationen angebracht, damit beim Test ganz besonders niedrige Werte herauskommen.

Tatsache ist, dass Raucher durch die aufgedruckten Schadstoffwerte betrogen werden! Die Konzerne wissen, dass Raucher sich orientieren, sich *vernünftig* verhalten wollen. Daher bieten sie Fake-Infos an. Das funktioniert natürlich auch in die andere Richtung. Wer

Zigaretten mit besonders hohen Werten kauft, der zeigt was für ein harter Hund er ist. Geradezu furchteinflößend sind Frauen, die zu einer Marke wie „Roth-Händle" ohne Filter greifen. Wer so etwas raucht oder zum Beispiel die filterlosen braunen Zigaretten aus Frankreich, den kann wohl nichts mehr beeindrucken. In unserer Jugend gab es den Spruch: „Wer Roth-Händle raucht, der frisst auch kleine Kinder".

Es kann hilfreich für Sie sein, wenn Sie sich mit den Inhaltsstoffen Ihrer Zigarette genau beschäftigen. Dafür ist die nun folgende Liste Nummer drei gedacht.

Ihre FUMITO-Liste 3: Das Gift des Tages

Lernen Sie Ihre Zigarette kennen! Als Hilfsmittel schlagen wir vor, Sie führen eine neue Liste ein. Bis Sie mit FUMITO durch sind machen Sie ein Gift pro Tag, anschließend ist es äußerst hilfreich, wenn Sie jede Woche ein Zerfallsprodukt Ihres Tabaks ermitteln und seine interessantesten Eigenschaften aufschreiben. Wenn Sie sich ein Gift ausgesucht haben, zum Beispiel über eine Suchmaschine im Internet, stellen Sie sich bitte folgende Fragen:

**Wenn es ... diese und jene ... Eigenschaften hat,
was macht es wohl mit mir?
Ist es das, was ich beim Rauchen unbedingt haben will?**

Hier ist ein kleines Beispiel:

> Heutiges Gift: **ACETON**
> (Gefahrstoffkennzeichnung: leicht entzündlich, reizend; erzeugt Bronchialreizung; wird als Nagellackentferner verwendet)
> **Was macht es wohl mit mir?**
> Führt zu Atemdepression. Folge: Müdigkeit und Kopfschmerz, und so weiter ...
> **Ist es das, was ich beim Rauchen unbedingt haben will?**
> Ja oder Nein?

Wir haben für Sie, damit der Anfang leichter fällt, eine kleine Aufstellung vorbereitet.

Benzopyren, Arsenverbindungen, Nickelkom-plexe, Zinkoxid, Plutonium, Thorium, Dibenz-anthrazen, Benzofluranthren, Dibenzpyren, Benzanthrazen, Chrysen, Dioxine, Benzphenanthren, Methylbenzopyren, Methylchrysen, Dimethylnitrosamin, Betanaphtylamide, Di-benzanthrazen, Akrolein, 2-Nitropropan, 4-Aminobiphenyl, Dibenzpyren, N-Nitrosamin, 1,1-Dimethylhydrazin, Anilin, Nornikotin, Ethylcarbamat, Dioxine, Phenol, Benzol, Benzofluranthren, Fufural, Sorbit, Cyanide, Benzphenanthren, Hydrazin, polyzyklische Kohlenwasserstoffe, Pyridin, Blausäure, Indenopyren, Blei, Cadmium, Kresol, 2-Toluidin, Cadmiumverbindungen, und viele, viele mehr ...

LISTE 3

Das Gift des Tages / Das Gift der Woche

Wenn Sie ganz gründlich vorgehen wollen und sich zum Ziel setzen, alle Stoffe im Tabakrauch kennen zu lernen, dann sind Sie nach ungefähr 13 Jahren mit der Liste fertig, vorausgesetzt, Sie machen wirklich *jeden* Tag einen Stoff.

Sehen Sie das Zeug als das, was es ist: ein unbeschreiblicher Haufen Dreck! Dabei ist es völlig egal, ob Sie rauchen, dampfen, pflastern oder es sonst wie einnehmen. Nikotin braucht kein Mensch. Es bringt nur YACK hervor!

Was tatsächlich passiert, wenn Sie eine anzünden

Wenn Sie eine Zigarette rauchen, passieren drei Dinge:

1) Weniger als zehn Sekunden nach dem Inhalieren wirkt das **Nikotin** und **beseitigt die Belästigung durch den Entzug**, die es mit der letzten Zigarette verursacht hat, der Raucher fühlt sich erleichtert.
2) **Gleichzeitig beginnt das** bei der Verbrennung entstehende **Kohlenmonoxid (CO) zu wirken**, der **Sauerstofftransport durch die roten Blutkörperchen wird fast unmöglich**. Daher leiden Raucher unter chronischer CO-Vergiftung, was chronischer Atemnot entspricht. Um nicht zu ersticken, rasen Puls und Blutdruck nach oben. Das Herz leistet Schwerstarbeit, um die Sauerstoffversorgung aufrecht zu erhalten.
3) Mit dem Nikotin befördern Sie **4.800 Zerfallsprodukte** aus dem Verbrennungsprozess **in die Lunge**.

Das passiert tatsächlich! Dass sich Raucher besser konzentrieren könnten, sich entspannen könnten oder irgendeinen Vorteil vom Rauchen hätten, ist eine Illusion! Sie haben die Wahl, die Dinge so zu sehen, wie sie sind, Sie können sich aber auch den Dreck weiterhin schönreden. Der Preis dafür ist hoch. Rauchen kostet Ihre Freiheit und Ihre Selbstachtung!

Exkurs: Nesbitt´s Paradox

Papier ist etwas extrem Geduldiges. Wenn eine Information einmal niedergeschrieben ist, dann erhöht sich ihre Haltbarkeit dramatisch, egal wie unsinnig sie sein mag. Im digitalen Zeitalter gilt das umso mehr: das Internet vergisst bekanntlich nichts. Und so finden wir im Jahr 2017 auf der Webseite der Deutschen Hauptstelle für Suchtfragen (DHS) die Information, Nikotin wirke „sowohl beruhigend wie auch anregend"[46].

Das ist natürlich blanker Unsinn, denn es würde bedeuten, dass es ein Salzig-Süß-Pulver, wie wir es oben auf Seite 123 beschrieben haben, tatsächlich gibt. Dennoch stehen Sie jetzt vor dem Problem zu entscheiden, wem Sie glauben wollen: uns, Peter Bußjäger und Özgen Senol, einer 2-Mann-Show zum Thema Rauchen, oder der Deutschen Hauptstelle für Suchtfragen e.V., dem Zusammenschluss fast aller in Suchthilfe und -prävention tätigen Institutionen in Deutschland. Vielleicht hilft es Ihnen bei der Entscheidung, wenn Sie wissen, auf welche Quelle die Information der DHS zurückgeht.

1973 erschien im angesehenen „Journal of Personality and Social Psychology" des US-amerikanischen Psychologenverbandes ein Aufsatz von Paul D. Nesbitt mit dem Titel: „Smoking, physiological arousal and emotional response" (Rauchen, körperliche Erregung und emotionale Reaktion). Er beobachtete, dass Raucher nach dem Rauchen zwar messbar „emotional" erregt sind (höhere Pulsrate, hö-

---

[46] http://www.dhs.de/suchtstoffe-verhalten/tabak.html, gesehen am 14.01.2017

herer Blutdruck), aber gleichzeitig sagen, sie seien entspannt. Diesen scheinbaren Widerspruch führte er auf das Nikotin zurück. Seitdem geistert die Idee, Nikotin könne gleichzeitig sowohl ent-spannend als auch anregend wirken, unter der Bezeichnung „Nesbitt´s Paradox" durch die Welt der Wissenschaft. Als „Paradoxon" bezeichnet man eine Erscheinung oder Aussage, die in sich widersprüchlich ist.

Zweifel an Nesbitt´s sensationellem Befund kamen bald. Allerdings war das wissenschaftliche Interesse nicht so ausgeprägt, dass jemand den Dingen wirklich auf den Grund gegangen wäre. Erst 1998 löste es der an der University of East London forschende Andrew C. Parrott so weit auf, dass sich das „Erregung-Entspannung-Paradox" nicht mehr weiter behaupten liess[47]. Leider scheint niemand bei der DHS Parrotts Artikel gelesen zu haben.

Auch weitere Indizien scheinen nicht bis zur DHS durchzudringen. Etwa der Umstand, dass „emotionale" Erregung, wie Nesbitt sie unterstellt hat, bei Konsumenten von E-Zigaretten nicht auftritt. Nikotin hin oder her. Also bleibt es doch dabei: Nikotin beseitigt die Entzugserscheinungen, das Kohlenmonoxid sorgt für den hohen Blutdruck – und beides hat nichts miteinander zu tun.

Warum erwähnen wir das? Damit Sie sehen wie unwahrscheinlich es ist, zuverlässige Informationen zu bekommen, wenn es um Rauchen geht. Und worauf wollen Sie sich noch verlassen, wenn nicht einmal

---

[47] Parrott, Andrew C.: Nesbitt´s Paradox resolved? Stress and arousal regulation during cigarette smoking, in: Addiction (1998), 93 (1), S. 27-39.

die seriösesten Adressen in Deutschland auch nur ansatzweise vertrauenswürdig sind? Und die DHS ist da nur ein Vorgeschmack. Unseres Erachtens bedeutet das, Sie können sich nur auf sich selbst verlassen. Was glauben Sie: kann es ein Pulver geben, das jetzt salzig macht und fünf Minuten später süß?

Was stimmt eigentlich nicht mit den Rauchern?

Von einem gesamtgesellschaftlichen Standpunkt aus betrachtet, ergibt sich über das Rauchen ein sehr erstaunliches Bild. Die Öffentlichkeit ist heute im Besitz aller Informationen darüber. Man weiß, dass Nikotin so schnell süchtig macht wie Kokain oder Heroin. Von Tabak als einem Genussmittel kann daher keine Rede sein. Er ist ein Lieferant für die Droge Nikotin. Man weiß weiterhin, dass die Tabakkonzerne die Wirkung des Nikotins durch Beimischung anderer Stoffe künstlich erhöhen; man weiß, dass die Konzerne gezielt Wissenschaftler bestechen, um die Gefahren des Rauchens zu verharmlosen; man weiß, dass die Zielgruppe aller Kampagnen und sonstiger Werbemaßnahmen Kinder und sehr junge Erwachsene sind. Jährlich sterben weltweit mindestens sechs Millionen Menschen vorzeitig, weil sie rauchen oder geraucht haben. In Deutschland sind es etwa 140.000 Menschen. Das sind fast 15 Prozent eines Jahrgangs (!!!), gemessen an der Zahl der Todesfälle insgesamt. Das ist Wahnsinn! Im Vergleich dazu lassen sich die Todesfälle bei illegalen Drogen fast vernachlässigen. Wenn es im Jahr 2014 noch 1.000 waren, ist es viel. Also was gehört eigentlich verboten?

Oder: Was gehört in die Zeitung? Was schätzen Sie wie viele Menschen im Jahr 2014 in Deutschland im Straßenverkehr gestorben sind? Es waren laut ADAC 3.380 Menschen.[48] Ungefähr ebenso viele

---

48 http://www.auto-service.de/aktuell/news/47962-adac-statistik-2014-verkehrstote-deutschland.html

sind auf der Flucht aus Bürgerkriegsgebieten im gleichen Zeitraum im Mittelmeer ertrunken.[49] Ebenso viele sind im gleichen Zeitraum an Rauchen gestorben, *obwohl sie nie geraucht haben*: Passivraucher! Das ist alles schrecklich und lässt sich natürlich nicht vergleichen, aber sind uns denn die Nikotinopfer egal?

Doch nicht nur, dass wir uns als Gesellschaft nicht gegen diesen Skandal wehren, damit nicht genug. Wir lassen die Tabakkonzerne auf die heimtückischste Art unsere Kinder ins Verderben locken. Weiter oben haben wir die einzelnen Marketingstrategien schon angesprochen[50]. Hier sind noch ein paar weitere Beispiele für Tabak-Kampagnen.

Rauch-Kampagnen

Allen anderslautenden Beteuerungen und nie eingehaltenen Selbstverpflichtungen[51] der Konzerne zum Trotz machen sie mit ihren Kampagnen Jagd auf Kinder und Jugendliche. Zum Beispiel die „Maybe"-Kampagne der Philipp Morris GmbH für die Marke Marlboro spricht eindeutig junge Menschen an. Das leugnet der Konzern natürlich. Pressesprecherin Elfriede Buben will uns weismachen, die Plakate richteten sich an Raucher, um sie in ihrer Markenwahl zu bestätigen.[52] Und schon beginnt ein lustiges Katz-und-Maus-Spiel

---

49 http://www.heise.de/tp/news/Todeszone-Mittelmeer-2014-sind-3-400-Menschen-ertrunken-2486881.html
50 Seite
51 Zum Beispiel: http://www.aktiv-rauchfrei.de/aktuell/956
52 http://www.horizont.net/marketing/nachrichten/-Marlboro-unter-Beschuss-Droht-den-Maybe-Plakaten-das-Aus-108537

zwischen Nichtraucherschützern, Verbraucherschutzministerium, Philipp Morris GmbH und Experten, die sich gegenseitig Studien, Erklärungen, Aufforderungen schicken, die vor allem eins bringen, nämlich Zeit für die Plakate, um Kinder zu verführen.

Noch einen Tick aggressiver und ebenfalls auf ein junges Publikum zugeschnitten ist die Kampagne der in Köln ansässigen Agentur SEVENS für die „BAT"-Marke „Pall Mall" im Frühjahr 2015. Auf einem der Plakate fragen zwei junge Damen, denen wir in der Dunkelheit nicht alleine begegnen wollen, was der Betrachter von ihnen halten soll: „Was du von uns halten sollst? Unsere Drinks!"[53] Man könnte auf die Idee kommen, es gäbe noch eine Satzerweiterung: „... während wir eine rauchen gehen."

Egal, welche Kampagne wir betrachten, sie sind sich alle sehr ähnlich. Mal steht die Gewinnung von naiven Nachwuchsrauchern im Mittelpunkt wie bei den eben zitierten, mal ist es die Verharmlosung des verkauften Drecks durch die „ohne Zusätze" - Masche. Doch es gibt eine Kampagne, die alle anderen weit in den Schatten stellt. Die Mutter aller Zigarettenkampagnen. Sie ist noch raffinierter als jene, mit der Edward Bernays, Erfinder der Massenpropaganda, in den 1930er Jahren Frauen zum Rauchen verführte. Wir sprechen hier von: **DEATH!**

---

[53] http://www.sevens.tv/files/bilder/works/www.sevens.tv-pallmall-helenaka.jpg

Abbildung 1: Das Bild gehört der US-amerikanischen Bundesregierung und ist gemeinfrei.

Die Zigarettenmarke DEATH gab es in den 1990er Jahren in England zu kaufen. B.J. Cunningham, Erfinder der Marke und inzwischen als Marketing-Guru unterwegs, schaffte das Kunststück, Produkt, Marke und Kampagne in einem einzigen Gegenstand, der DEATH-Schachtel, zu vereinen. Cunninghams Lehrsätze sind von wunderbarer Klarheit, etwa: „A brand is a promise[54]." „Eine Marke ist ein Versprechen". Warum sollte man also nicht versprechen, was die Kunden tatsächlich bekommen? Den Tod!

---

54 https://www.youtube.com/watch?v=ans3xos8VZI

Das Schachteldesign von DEATH war simpel: Ein weißer Totenkopf mit gekreuzten Knochen dahinter vor schwarzem Hintergrund. Einen Gesundheitshinweis sparte man sich, denn das war praktisch der Text der Kampagne: „Smoking does not make you sexy, stylish or sophisticated. It kills you. We are not selling a pack of lies, we are selling a pack of cigarettes. DEATH is a responsible way to market a legally available consumer product which kills people when used exactly as intended." Auf deutsch: Rauchen macht dich nicht sexy, schick oder schlau. Es bringt dich um. Wir verkaufen keine Packung Lügen, wir verkaufen eine Packung Zigaretten. DEATH ist ein verantwortungsbewusster Weg ein legal erhältliches Produkt zu vermarkten, das die Verbraucher umbringt, wenn sie es benutzen wie vorgesehen. Für *vernünftige* Anfänger gab es DEATH mit schwarzem Totenkopf, dahinter schwarzen Knochen vor weißem Hintergrund mit der Markenbezeichnung „DEATH lights".

Es stellte sich heraus, dass Cunningham damit den Nerv seiner potenziellen Kunden genau traf. Was glauben Sie, waren das Erwachsene? Oder Teenager, die ihren Freunden, Eltern und Lehrern zeigen wollen, wie cool, rebellisch und mutig sie sind? DEATH war über Jahre die erfolgreichste Marke bei Anfängern. Wer eine Schachtel DEATH auf den Tisch knallte, der sagte, dass ihm der Tod vollkommen egal ist. So ein Verhalten schafft unter Fünfzehnjährigen Respekt. In Wahrheit sagt es natürlich nur, dass derjenige vom Tabaktod keine Ahnung hat. Das ist nicht zack und in die Kiste, das ist Siechtum über Jahre hinweg.

Cunningham, ein Mann aus dem Nichts, versetzte mit seinem Erfolg bei Kindern den britischen Tabakmarkt in Aufruhr. Er lehrte die übermächtigen Marktteilnehmer „BAT", „Philipp Morris" und „Imperial Tobacco" das Fürchten, bis er einen Rechtsstreit gegen die Markeninhaber der Wodkamarke „Black Death" verlor, die mit ähnlichen Bildmotiven schon länger tätig waren. Cunninghams DEATH ging daraufhin pleite. In seinen Vorträgen über Markenstrategien kokettiert er seitdem mit dem markigen Satz: „There is a life after death (es gibt ein Leben nach dem Tod)", womit er auf sein, vom Standpunkt eines Marketingexperten aus betrachtet: geniales Nikotinprojekt anspielt.

Einen ähnlichen Erfolg wie DEATH erzielte auch die Firma „RJR Nabisco (Reynolds)" mit der Marke „Camel", nachdem sie das Cartoon-Maskottchen Joe Camel seit 1987 in ihrer Kampagne einsetzte. Der Marktanteil bei minderjährigen Rauchern stieg von einem Prozent auf über dreißig Prozent.[55] Joe Camel musste sich nach zehn Jahren dem gesellschaftlichen Druck von Verbraucherschutzgruppen und der American Medical Association beugen. Und dieser Druck war immens. Die Jugendschützer in den USA finanzierten wirksame Fernsehwerbung gegen das Rauchen. In einem Spot der californischen Gesundheitsbehörde regnete es Zigaretten auf einen Schulhof, während eine tiefe Stimme erklärte, warum die Tabakkonzerne Zigaretten an Minderjährige (an die Kinder der Zielgruppe des Spots) zunächst verschenken und dann verkaufen müssten. Es sei nichts Persönliches, sagte die Stimme, es ginge nur darum, im Geschäft zu

---

55 http://de.wikipedia.org/wiki/Joe_Camel

bleiben, weil die Stammkunden so schnell wegsterben[56]. Diese Spots waren treffend und wirksam. Da es in Deutschland dieselben Probleme gibt, sollte man meinen, auch in der Bundesrepublik wäre eine staatliche Kampagne dieser Art möglich. Sehen wir es uns an.

Anti-Rauch-Kampagnen

Wer in Deutschland nach staatlicher Tabakprävention sucht, der findet überraschende Dokumente. Zum Beispiel die Vereinbarung zwischen dem Ministerium für Gesundheit und dem VdC (Verband der Cigarettenindustrie, Vorläufer des DZV, Deutscher Zigaretten Verband) aus dem Jahr 2002. Erstaunlich ist schon einmal, dass der Verband nicht nur durch seinen Hauptgeschäftsführer vertreten wird, sondern außerdem durch sechs miteinander konkurrierende Tabakfirmen: „Philipp Morris", „BAT", „Reemtsma", „Japan Tobacco", „Austria Tobacco" und „Heintz von Landewyck". Da staunen wir doch sehr, dass die Tabakfirmen Werbung *gegen* ihr eigenes Produkt machen wollen und dafür auch noch fast zwölf Millionen Euro auf den Tisch legen. Noch mehr staunen wir darüber, dass die Bundesregierung sich mit den Verursachern des Problems verbündet, das sie doch lösen will.

---

56 https://www.youtube.com/watch?v=M0Uk3WQjlbs

Aus der Distanz betrachtet sieht es fast so aus, als ob sich da zwei treffen, die im Grunde das gleiche Interesse haben, nämlich Geld scheffeln. Auf der Seite der Tabakindustrie steht jeder Euro Umsatz für einen Gewinn von mehr als 50 Cent. Das schafft sonst keine Branche.[57] Auf Seite der Bundesregierung geht es um astronomisch hohe Steuereinnahmen. Die Tabaksteuer ist im Jahr 2015 mit fast 15 Milliarden Euro die zweitertragreichste Bundessteuer gewesen. Mehr hat nur Mineralöl eingebracht. Der Staat verdient sich also eine goldene Nase mit Nikotin, während er sich um die gesellschaftlichen Kosten, die das Rauchen verursacht (vorzeitiger Tod, Kosten der Krankenbehandlung und Pflege, nicht erbrachte Arbeitsleistung, Arbeitsunfähigkeitstage, andere Verletzte und Tote bei Unfällen durch das Rauchen und so weiter) nicht zu scheren braucht. Die tragen nämlich die Arbeitgeber und die sozialen Sicherungssysteme.

Im Paragraph zwei der Vereinbarung aus 2002 heißt es, die Zuwendung dürfe nur zu Maßnahmen der Prävention bei Kindern verwendet werden. Diese Maßnahmen „dürfen nicht die Zigarettenindustrie, deren Produkte oder den Zigarettenhandel diskriminieren oder den erwachsenen Raucher verunglimpfen." Das führt zu der Frage, wie man sagen soll, dass Rauchen Blödsinn ist, ohne zu sagen, dass Rauchen Blödsinn ist? Hier ist ein Beispiel, wie die Vereinbarung durch die „Rauchfrei Kampagne" der BZgA (Bundeszentrale für gesundheitliche Aufklärung) umgesetzt wurde.

---

57 http://www.wiwo.de/unternehmen/industrie/tabak-industrie-nikotinrausch-in-asien/5804134.html

Bild: Peter Bußjäger

Auffällig ist zunächst die Botschaft „Rauchen macht erwachsen". Das ist es, was die junge Frau sein will, erwachsen. Wen interessiert denn hier das Kleingedruckte? Da heißt es: „Haut, Hirngefäße und Schlagadern altern schneller." Ein Blinder konnte sehen, dass diese Kampagne ein absoluter Witz ist. Das veranlasste die Deutsche Krebshilfe dazu, einen sofortigen Stopp der Kampagne zu fordern. Mit der institutionellen Macht der BZgA und hanebüchenen Argumenten wurden die Kritiker der Kampagne anschließend lächerlich gemacht:

Erwachsene würden die Sprache der Jugendlichen nicht verstehen, die Anzeigen seien getestet worden, man müsse froh sein, dass die Tabakindustrie der unterfinanzierten Gesundheitsprävention unter die Arme greife, hieß es in Pressemitteilungen der BZgA[58]. Das verstehen wir leider nicht ganz: Die BZgA, eine Fachbehörde im Geschäftsbereich des Bundesministeriums für Gesundheit, braucht Geld von der Tabakindustrie, wo doch die Bundesregierung ein Mehrfaches an Steuereinnahmen aus dem Tabakgeschäft bezieht, als die Industrie Gewinne abschöpfen kann? Das ist ja, als ob ein großer Automobilkonzern einen Zulieferbetrieb eine Kampagne gegen Autos finanzieren lässt, die er dann aber selbst im eigenen Namen durchführt. Finden wir irgendwie sonderbar ...

Die „Rauchfrei Kampagne" bedient sich dieser Bilder jetzt nicht mehr. Sind die Verantwortlichen zur Vernunft gekommen? Kaum, wenn man sich die neue Basisbroschüre ansieht. Im Gegenteil, jetzt sind die zweideutigen Botschaften noch raffinierter verpackt. Das Werk trägt den Titel „Rauchfrei durch´s Leben" und ist wie eine trojanische Zeitbombe[59] zu verstehen. Der Zünder ist auf Seite zehn. Hier wird Seiten füllend Patrick Reynolds, der Enkel des Gründers von Amerikas zweitgrößtem Tabakkonzern, zitiert: „Die Zigarette ist das einzige Industrieprodukt, das bei bestimmungsmäßigem Gebrauch zum Tode führt."[60] Das ist dieselbe Masche, mit der B.J. Cunningham Erfolg hatte *beim Verkaufen von Zigaretten*! Die BZgA verhält sich also wie der erfolgreichste Zigarettendealer der 1990er

---

58 http://www.heise.de/tp/artikel/15/15709/1.html
59 Die Idee, Präventionskampagnen so zu stricken, dass sie das Gegenteil bewirken, stammt von Christopher Buckley, einem US-amerikanischen Publizisten. Wir gehen nachher beim „Filmtipp" noch darauf ein.
60 http://www.bzga.de/botmed_31601000.html

Jahre, aber sie will uns erzählen, dass in ihrem Fall dieses Verhalten zum gegenteiligen Resultat führt. Das kann nur ein Witz sein! Albert Einstein, der Begründer der Relativitätstheorie, soll sinngemäß gesagt haben, dass es die höchste Form des Wahnsinns sei, wenn jemand dasselbe Verhalten immer wieder an den Tag legt, aber jedes Mal ein anderes Ergebnis erwartet. Ist also die BZgA eine Agentur des Wahnsinns?

Wie ist es möglich, dass sich an diesem Skandal über Legislaturperioden und Regierungswechsel hinweg niemals das Geringste ändert? Nun, die Kommunikationsstrategen der Tabakkonzerne sind offensichtlich schon so schlau, sich auf Behörden nicht alleine zu verlassen. Deshalb unterstützen sie auch diejenigen, welche abwechselnd die Behörden mit Personal ausstatten, die Parteien. Die wiederum scheren sich einen feuchten Kehricht um bestehende Gesetze[61], wenn es um viel Geld geht. Dann wird hemmungslos in Parteizeitungen großflächige Imagewerbung für die Nikotinbranche gedruckt[62]. Und hier machen alle mit, vom „Bayernkurier" (CSU), über „Berliner Republik" (SPD), „Vorwärts" (SPD), „Entscheidung" (Junge Union) bis hin zum Organ der FDP „elde".

Bringen wir es auf den Punkt: Vom Staat dürfen unsere Kinder ehrliche, hilfreiche Informationen oder etwa Schutz *nicht* erwarten. Ganz im Gegenteil, denn sie sind ja die Zielgruppe der Tabakwirtschaft, zu der wir den Staat angesichts der direkten (Steuern) und indirekten (Parteienfinanzierung) wirtschaftlichen Verflechtun-

---
61 Tabakwerbeverbot in Zeitungen
62 http://www.abnr.de/index.php?article_id=60

gen hinzurechnen müssen. Niemand darf vom Staat ehrliche Informationen über das Rauchen erwarten, denn auch für die entscheidungstragenden Repräsentanten des Staates geht es darum, die Altkunden ahnungslos und die Neukunden naiv zu halten. Nicht zuletzt eröffnen sich für Politiker, die ungünstig verlaufenden Wahlen zum Opfer fallen, interessante Karrieremöglichkeiten in der Nikotinwirtschaft. Ein krasses Beispiel dafür ist Marianne Tritz, die von Bündnis 90/Die Grünen zum Deutschen Zigarettenverband wechselte[63].

Vor dem Hintergrund, dass alle Informationen auf dem Tisch liegen, dass Nikotin eine Droge ist und daher Tabak alles andere als ein Genussmittel, dass das Rauchen in Deutschland jedes Jahr 140.000 vorzeitige Todesfälle produziert, haben wir kein Problem mit der Tabakindustrie sondern eins mit korrupten Politikern. „Korrupt" bedeutet nicht nur „käuflich". Die Definition im Duden lautet: „*Bestechlich, käuflich oder auf andere Weise moralisch verdorben und deshalb nicht vertrauenswürdig*". Aber auch, wenn man sie kaufen müsste, wären Politiker nicht sehr teuer. Ein Augsburger Unternehmer wird zitiert mit den Worten: "Es ist kaum etwas so spottbillig wie ein korrupter Politiker."[64]

---

[63] http://de.wikipedia.org/wiki/Marianne_Tritz
[64] http://www.welt.de/politik/deutschland/article138698883/Kommissar-erhebt-schwere-Vorwuerfe-gegen-Justiz.html

Filmtipp

Wie kommen „moralische Zwerge, [...] Kakerlaken, [welche die] Dunkelheit lieben und Krankheiten verbreiten"[65] Hand in Hand mit Verwaltungsbeamten auf die raffinierte Idee, eine staatliche Agentur für Tabakmarketing zu missbrauchen? Ganz einfach: sie lesen ein Buch und setzen diese sinngemäß in die Wirklichkeit um! **„Thank You For Smoking"** heißt das Buch.

Der Autor ist Christopher Buckley, ehemaliger Redenschreiber von George Bush sen. (US-Präsident 1989 bis 1993). „Danke, dass Sie hier rauchen" erschien in der deutschen Übersetzung 1996 und muss die Fantasie der bundesdeutschen Tabaklobbyisten beflügelt haben. Darin beschreibt Buckley, wie die Tabaklobby eine Fünf-Millionen-US-Dollar-Aufklärungskampagne für Kinder gegen das Rauchen auf den Weg bringt und natürlich bestimmt, wie diese auszusehen hat. Im Resultat ist es ein Trojaner, ein „trojanischer Rohrkrepierer" wie Buckley schreibt[66]. Gemeint ist damit eine langweilige Aussage, die garantiert kein Kind oder keinen Jugendlichen vom Sofa holt, *und sich dann auch noch ins Gegenteil verkehrt*. Das Beispiel im Buch lautet: „Alles, was dir deine Eltern sagen über das Rauchen, ist korrekt". Bei entsprechender Gestaltung könnte es auch so aussehen:

Alles, was dir deine Eltern sagen über das

Rauchen, ist korrekt.

---

[65] So nennt Professor Stan Glantz von der University of California San Francisco die „Leute, die die Tabakwirtschaft umtreiben", siehe https://www.youtube.com/watch?v=M0Uk3WQjlbs bei 19 Minuten und 50 Sekunden.
[66] Christopher Buckley; Danke, dass Sie hier rauchen; Zürich, 1996, S. 163.

2005 wurde Buckleys Satire verfilmt. Im gleichnamigen Film von Jason Reitman sind es schon 50 Millionen Dollar, die die Tabakmultis für die Präventionskampagne locker machen. Der Film bietet vorzügliche Unterhaltung, wobei manches Lachen ein wenig im Hals stecken bleibt.

Alles kann wieder gut werden!

Seien Sie versichert, dass mit Ihnen alles stimmt! Sie verfügen nur nicht über Informationen, die Ihnen im Bezug auf das Rauchen hilfreich gewesen wären, als Sie damit anfingen. Sie verfügten stattdessen über solche, die Sie in die Sucht locken und möglichst lange darin halten sollten. Diese Informationen waren hilfreich für alle Gewinner im Tabakgeschäft. Das sind alle Teilnehmer, außer dem Raucher! Doch das ist Vergangenheit! Jetzt haben Sie alle Informationen. Die Frage ist jetzt, ob Sie weiterhin mitmachen wollen. Ob Sie sich auch in Zukunft für dumm verkaufen lassen wollen oder nicht.

Sie haben niemals geraucht, weil Sie das wollten! Sie haben niemals geraucht, weil Sie einen Genuss davon hatten! Erst haben Sie geraucht, weil andere geraucht haben; dann haben Sie geraucht, weil Sie hereingelegt wurden; schließlich haben Sie geraucht, weil Sie süchtig waren! Aber die Gesetze der Sucht gelten nur für Leute, die noch nicht verstanden haben, was Sucht ist. Sie wissen jetzt, dass es nur ein Irrtum war und können ab sofort wieder frei sein!

Das Leben hält unendlich viel Genuss und Spaß bereit. Wenn Sie heute noch Raucher sind, dann haben Sie ab morgen jeden Tag mehr Geld in der Tasche, um sich einen Spaß, eine Freude zu gönnen.

Wichtiger ist, dass Sie *Zeit* haben, sich zu überlegen, womit Sie sich eine Freude machen. Sie können ab morgen wieder frei sein in Ihren Entscheidungen. Die Zigarette wird nicht mehr diktieren, wann Sie wo zu sein haben, um sich einen Schuss Nikotin zu verpassen. Werden Sie wieder Herr im eigenen Haus!

Zwischendurch bin ich ziemlich sauer! Dass man diesen Burschen das Handwerk nicht legt, verstehe Ich nicht! Ich glaube, mir reicht´s jetzt!

In welcher Welt wollen Sie leben?

Sie haben freie Auswahl. Ob Sie rauchen oder nicht, liegt ganz bei Ihnen. Rauchen ist eine Sucht! Das klingt dramatisch, aber es ist nichts weiter als ein Irrtum. Ein fataler Irrtum zwar, aber auch nicht mehr. Sie sind nichts und niemandem ausgeliefert und von nichts abhängig. Sie können sich völlig frei für die eine Seite entscheiden oder die andere.

Falls Sie sich für die Welt der Illusion, der Lüge, des Betrugs, des Drecks, der Krankheit, oder mit einem Wort, des Nikotins entscheiden, dann können Sie das Buch nun weglegen. Sie wissen jetzt

- wo Sie sind: in einem Albtraum,
- wer Sie als Raucher sind: der einzige Verlierer im Tabakgeschäft, und
- was Sie zu erwarten haben: Krankheiten, alle Möglichen beginnend mit Schnupfen und Depressionen.

Sie können auch sagen: „Das war´s mit Nikotin!" Lesen Sie weiter, falls Sie diesen Weg gehen wollen, denn auf ihm gibt es ein paar Stolpersteine. Auf den nächsten Seiten finden Sie alle Informationen, damit Sie an den gefährlichen Stellen auf dem richtigen Kurs bleiben. Bevor Sie sich endgültig entscheiden, sollten Sie *alle* relevanten Informationen haben

Körperlich weg von der Sucht!

Nikotinsucht hat einen körperlichen und einen mentalen Aspekt. Die Frage ist: Wie kommt man von beidem weg? Bleiben wir zunächst bei der körperlichen Seite der Sucht. Wo kommt sie her? Vom Nikotin, wie wir wir herausgefunden haben.

Das Nikotin verursacht eine Belästigung (= Entzugserscheinung), von der Raucher kein Bewusstsein haben, solange sie nicht über die entsprechenden Informationen verfügen. Sie sehen wegen der Denkfallen die Belästigung nicht im richtigen Zusammenhang mit dem Rauchen. Sie glauben, Rauchen beseitige die Belästigung, dabei verlängert es sie nur. Sie erinnern sich: „Niemals ist jemand Raucher geworden, der Zigaretten ohne Nikotin geraucht hätte." Die Folgerung daraus lautet: vom Nikotin müssen wir weg! Nur wie?

10 – 9 – 8 – 7 ... Zero?

Ein Weg, den viele Raucher beim Aufhören beschreiten, ist die Reduktionsmethode. Leider ist sie ein Trugschluss in zweierlei Hinsicht. Die Hoffnung geht dahin, dass man, wenn man weniger Zigaretten raucht, irgendwann gar keine mehr braucht.

Doch was passiert, wenn in einem idealen Markt, der durch Angebot und Nachfrage frei geregelt wird, ein Produkt plötzlich knapper wird? Dann wird der Preis dieses Produktes nach oben gehen. Die verbleibenden Zigaretten erscheinen dem Raucher jeden Tag noch wertvoller. Am wertvollsten sind sie dann ganz am Ende, nach der (vorerst) Allerletzten. Wenn es eine Steigerung von „süchtig" gäbe, dann wäre der Raucher jetzt „am süchtigsten". Falls Sie jemanden kennen, der es mit dieser Methode geschafft hat, bestellen Sie ihm von uns schöne Grüße. Eine solche Leistung verdient hohen Respekt, denn sie erfordert fast unmenschliche Disziplin. Man muss Verzicht üben bei der Sache, die man am meisten haben will. Es ist dasselbe wie mit einem Glas Wasser, wenn man lange nichts getrunken hat. In diesem Moment ist es wertvoll und es *schmeckt* sogar besonders gut. Obwohl Wasser überhaupt keinen Geschmack hat.

Der zweite Trugschluss ist der, dass der körperliche Entzug leichter ausfallen würde, wenn man nach und nach weniger raucht. Das kann nicht funktionieren, weil jede einzelne Zigarette so viel Nikotin liefert, dass der Pegel wieder bei 100 Prozent ist. Je länger die zeitlichen Abstände zwischen den einzelnen Nikotinrationen werden, um so mehr Kraft erfordert die Leistung des Verzichts. YACK macht einen doppelten Salto vor Freude, sobald es wieder Nikotin gibt.

Das Ganze wird noch einmal dadurch verschlimmert, dass bei der Reduktionsmethode das spezielle Belohnungssystem des Rauchers besonders hart zuschlägt. Über Jahre hat der Raucher gedacht: „Wenn ich dies oder jenes geschafft habe, dann rauche ich eine." Dieser Gedanke kommt automatisch. Nur belohnt er sich jetzt dafür, nicht geraucht zu haben. Durch Rauchen?!

Wir haben persönlich Freunde und Bekannte, die so versucht haben, das Rauchen aufzuhören. Einmal war der Anlass eine bevorstehende Operation, die *nicht* durchgeführt werden konnte wegen der viel schlechteren Heilungschancen bei Rauchern. Diejenigen, die ihren Konsum tatsächlich auf drei oder fünf Stück pro Tag reduzieren konnten, sind praktisch gar nicht mehr ansprechbar. Die Zigarette bestimmt ihren Tagesablauf mehr als je zuvor. Das Geld für die täglich nicht mehr gerauchten 15 Stück sparen sie sich, aber sie bezahlen teuer mit dem Verlust ihrer Selbstachtung!

Auch aus eigener, bitterer Erfahrung können wir von ganzem Herzen von der Reduktionsmethode abraten. Peter hat es mal so versucht und ist kläglich gescheitert. Ein Ratgeber in Buchform empfahl, zunächst ein Protokoll anzulegen, wann und wo und warum man raucht. Anschließend sollten alternative Verhaltensweisen die Zigaretten ersetzen. Eine Empfehlung lautete sinngemäß: wenn Sie sich entspannen wollen, müssen Sie nicht unbedingt rauchen. Sie können auch ein Bad nehmen. Indirekt wird dadurch das Rauchen aufgewertet, die Suchtlogik bestätigt: ich kann zwar ein Bad nehmen, wenn ich mich entspannen will, aber mit einer Zigarette geht's auch. Und schon haben wir unseren Denkfehler, Rauchen sei entspannend, wieder gefestigt. Man könnte auf die Idee kommen, ein solch unnützer und geradezu gefährlicher Ratgeber wäre ein Produkt der Tabakindustrie. Machen Sie sich immer wieder bewusst, dass Zigaretten *gar nichts* leisten!

Bei der Reduktionsmethode stehen wir auf dem Standpunkt, dass es ausprobieren kann wer unbedingt will, aber dass es eine extrem harte Methode mit erheblichen Nebenwirkungen ist. Warum sollte man sich quälen, wenn es auch leicht geht?

Nikotinersatz?

Das Marketingprinzip, die hinter dem Geschäft mit „Ersatz"-Präparaten steckt, ist das Spiel mit der Angst. Clevere Kaufleute nutzen die Angst der Raucher, dass der Nikotinabbau mit sehr unangenehmen Begleitumständen bis hin zu Schmerzen verbunden sei. Wir haben weiter oben gezeigt, dass die Dinge, die Sie vielleicht für Begleitumstände des Nikotinentzugs gehalten haben, auch eine andere Ursache haben können oder gar keine Symptome sind, sondern wieder nur ein Irrtum.

Mit der Angst der Raucher und ein wenig Fantasie als Zutaten ist über die Jahre hinweg ein schillernder Industriezweig entstanden. Die Entzugserscheinungen-Branche erfindet die sonderbarsten Dinge. Zum Beispiel gibt es spezielle Unterwäsche bei *Entzugs-Blähungen*![67] Sollten die Blähungen nach der Entzugsphase weiter anhalten, dann könnte die Ursache auch ein Pilzbefall sein, sagt der Hersteller. Ja geht's noch?

---

67 http://www.gegen-blaehungen.de/2012/05/wer-das-rauchen-aufgibt-kann-verstarkt-unter-blahungen-leiden/

Während spezielle Entzugs-Textilien in unseren Augen noch einen gewissen Unterhaltungswert haben, sind die sogenannten „Ersatz"-präparate mit Vorsicht zu genießen. Es gibt *echte* Ersatzpräparate, die wie Nikotin wirken, nur viel länger. Die Nebenwirkungen solcher Mittel können beachtlich sein. Ein bekanntes Mittel ist zum Beispiel Zyban. Bei einem von tausend Behandelten besteht das Risiko eines Krampfanfalls. Dieser geht in der Regel einher mit mit Zuckungen, Bewusstlosigkeit und Verwirrungszuständen. Das ist doch was! Weiter geht's mit Hautausschlägen, Keuchen oder Atemnot, Schwellung der Augenlider, Lippen oder Zunge, Muskel- oder Gelenkschmerzen, bis hin zu Kreislaufkollaps. Sollte so etwas passieren, nehme man die Tabletten besser nicht mehr ein, empfiehlt der Hersteller. „Häufig" käme es zu Schlafstörungen, depressiven Verstimmungen, Angstzuständen und Ruhelosigkeit. Auch Konzentrationsstörungen und Kopfschmerzen können „häufig" auftreten. „Gelegentliche" Ohrgeräusche, Sehstörungen sowie Blutdruckanstieg, Gesichtsröte, Appetitlosigkeit und so weiter runden das Bild ab.[68] Die Liste ist noch länger. Aber was wir nur bis jetzt gelesen haben, stellt die Erscheinungen, von denen Raucher berichtet haben, weit in den Schatten.

Ein ähnliches Langzeitmittel nahm Jeffrey Carter Albrecht, Mitglied der Rockband „Edie Brickell an the New Bohemians" zu Hilfe, als er das Rauchen aufhören wollte. Im September 2007 wurde er von seinem Nachbarn versehentlich erschossen. Unter Einfluss von Vareniclin in Verbindung mit Alkohol versuchte er, nachts in dessen Wohnung gewaltsam einzudringen. Der Nachbar bekam Panik,

---

[68] http://www.apotheken-umschau.de/do/extern/medfinder/medikament-arzneimittel-information-Zyban-150mg-Retardtabletten-R80474.html

schoss durch die geschlossene Tür und traf Carter Albrecht tödlich. Falls Sie also zu solchen verschreibungspflichtigen Substanzen greifen wollen, dann informieren Sie im Sinne der eigenen Sicherheit bitte vorher Ihre Nachbarn[69].

Neben den echten gibt es auch *unechte* Ersatzpräparate. Wir können schließlich nicht von Ersatz reden, wenn die Ersatzsubstanz dieselbe ist wie die, die wir ersetzen wollen: Nikotin! Bekannt ist etwa die „Nicorette". Hinter dieser Marke verbergen sich mehrere Produkte der Firma Johnson & Johnson GmbH. Kaugummi, Pflaster, Inhaler, Spray und Lutschtabletten werden als „Nikotin-*Ersatz*-Produkte" angeboten – mit dem Wirkstoff Nikotin! Wir ersetzen also Nikotin durch Nikotin. Wie raffiniert! Das ist wie Alkoholismus mit Kräuterlikör behandeln!

In den Produktbeilagen der „Ersatzprodukte" finden sich dann weitere Hilfsmittel, die Raucher beim Ausstieg begleiten sollen. Zum Beispiel Tagebücher. Darin sollen die ehemaligen Raucher – jetzt: Lutscher, Sprayer, Pflasterer, Inhaler – über viele Wochen dokumentieren, in welchem Umfang sie auf Zigaretten verzichten. *Verzichten!* Viele Wochen, mehrere Monate auf etwas verzichten? Macht das Spaß, ist das eine verlockende Aussicht? Fahre ich in den Urlaub, wenn ich mit schlechtem Wetter, Kakerlaken im Zimmer, ungenießbarem Essen und garstigem Personal in meinem Hotel rechne? Bei einem Produkt haben wir in der Beilage den Satz gefunden: „Wie schwer war es, auf die Zigaretten zu verzichten?" Damit ist dem

---

69 http://www.dkfz.de/de/tabakkontrolle/download/Publikationen/Newsletter/Newsletter2007/Dezember_2007.pdf

Raucher klar, dass es schwer wird und er verzichten muss, *sogar dann, wenn er das Produkt einnimmt!* Da fängt man doch gerne an mit der Maßnahme, oder?

Wie gesagt: Wer glauben will, dass es funktioniert, soll sich gerne zupflastern mit Nikotin. Wir sehen beim Geschäft mit Pharma-Nikotin dieselbe Masche wie mit Tabak-Nikotin. Die Experten der Pharma- und Tabaklobbies tauschen sich auch regelmäßig aus. Die Gremien, in denen sie sich treffen, sind vielfältig. In der Denkfabrik „Institute of Business Ethics" in London beispielsweise treffen sich Vertreter der CECCM (Confederation of European Community Cigarette Manufacturers) und Vertreter der Pharmaindustrie, unter anderem von Johnson & Johnson[70]. Die Berührungspunkte der beiden Branchen sind mannigfach.

Vollends absurd werden „Ersatzpräparate" in unseren Augen, wenn wir die Warnhinweise betrachten. Bei allen Präparaten wird die Frage behandelt, was zu tun sei, wenn trotz Anwendung Entzugserscheinungen auftreten. Sollte das Zeug nicht gegen Entzugserscheinungen helfen? Aber was, bitteschön, soll denn sonst auftreten? Wir haben es eben mit einer Droge zu tun und da kommt es zwangsläufig zu Entzugserscheinungen! Beim Präparat „Nikofrenon 30" weist der Hersteller Riemser Pharma GmbH darauf hin, dass bei Anwendung „gelegentlich" Schlaflosigkeit, Schwindel, Bewegungs-, Gedächtnis-, Empfindungsstörungen, abnorme Träume, Schläfrigkeit, Müdigkeit, Zuckungen, Verwirrung, Erregung und Migräne

---

70 Siehe: http://www.nichtraucherschutz.de/zeitschrift_nichtraucher-info/nichtraucher-info_2012/nichtraucher-info_nr._85_-_j-slash-12_.html

beobachtet wurden. Vergleichen Sie das mit der Liste, die wir oben bei den Entzugserscheinungen schon hatten. Das ist weitgehend dasselbe.[71]

Wären wir Fondsmanager, dann würden wir Anteile an Tabakmultis erwerben, weil das die Lizenz zum Gelddrucken ist. Zusätzlich würden wir Pharmaunternehmen kaufen und diese dann Studien finanzieren lassen, die bestätigen, dass Kaugummis oder Pflaster beim Rauchenaufhören helfen. Da unser Produkt nicht Zigaretten oder Kaugummis sind, sondern Nikotin, ist uns grundsätzlich egal, wie es unsere Kunden einnehmen. Wichtig ist nur, dass sie glauben nicht davon loskommen zu können. Aufhörversuche mit Nikotin sind natürlich zum Scheitern verurteilt. Jene, die es probieren, erzählen weiter, dass sie gescheitert sind, was den Glauben festigt, dass Aufhören schwer ist. Punkt für die Tabakwirtschaft!

Hauptsache, es funktioniert!

Nun haben wir die Reduktionsmethode betrachtet und davon abgeraten. Wir haben Nikotinersatzpräparate betrachtet und auch davon abgeraten. Aber es gibt Raucher, die es so geschafft haben. Also würden wir Sie nicht aufhalten, wenn Sie es so versuchen wollen. Wenn der Wunderdoktor um die Ecke sagt: „Du musst dir eine Nadel in den Daumen stechen und rote Socken dazu tragen, wenn du vom Nikotin weg willst", dann kaufen Sie sich gerne rote

---

71 http://www.riemser.com/uploads/tx_hnmproductdb/nikofrenon30-pflaster_pil-2014-07.pdf

Socken, wenn Sie daran glauben wollen. Hauptsache, es funktioniert. Wir würden niemals von etwas abraten, das schon zum Erfolg geführt hat.

Wenn Sie glauben, Hypnose könnte helfen, dann suchen Sie sich einen Experten, der sich damit auskennt. Wenn Sie es mit Kaugummi versuchen wollen, machen Sie es! Es gibt auch eine Spritze, die das Rauchenaufhören erleichtern soll. Die meisten Anbieter dieser Methode behaupten, dass die Injektion nur den körperlichen Teil der Sucht, nicht aber den psychischen beeinflussen kann. Wir sind anderer Meinung: Was nutzt es, wenn Sie zwar keine Erscheinungen, aber unheimlich Lust auf eine Zigarette haben? Nichts! Das erhöht die Wahrscheinlichkeit, dass es schief geht. Und damit festigt sich der Gedanke, dass Rauchenaufhören schwer ist und die psychische Abhängigkeit ist schlimmer als vorher. Aber es bleibt dabei: *Sie* entscheiden!

+++ **Erfahrungsbericht** +++
Marion:
Ja, auch ich habe es geschafft, nach unserem sechsstündigen Seminar Nichtraucherin zu werden. Im Seminar habe ich meine letzte Zigarette geraucht! Es hat alles gestimmt! Den minimalen Rauch-Impulsen nicht nachzugeben, war wirklich kinderleicht.

> **+ + +   Erfahrungsbericht   + + +**
>
> **Stefan:**
> *Wenn ich gewusst hätte, WIE einfach es ist, nie mehr zu rauchen, wäre mir vielleicht viel erspart geblieben. Der Entzug war lächerlich. Ich glaube, ich hatte gar keinen.*

Weg von der Sucht – so geht's leicht!

Wir sind der Meinung, es geht viel leichter, wenn Sie von der Sucht wegkommen wollen. Diese Meinung beruht auf eigenen Erfahrungen und auf unzähligen Berichten unserer Seminarteilnehmer.

WEG VON DER KÖRPERLICHEN SUCHT – SO GEHT´S LEICHT!

Wenn wir von der Sucht weg wollen, brauchen wir nur kein Nikotin mehr zuführen! So einfach ist es. Wir machen ein kleines Entzügchen. Über Nacht sind bereits mehr als 90 % des Nikotins ausgeschieden, nach 14 Tagen ist kein Nikotin mehr nachweisbar. Fertig!

Die Frage ist:

WELCHE GRAUSAMEN SCHMERZEN WERDEN SIE ERLEIDEN?

Im schlimmsten Fall passiert etwas aus der Liste mit Erscheinungen, von denen Raucher berichten:

- Müdigkeit,
- Schlafstörungen,
- Nervosität,
- Schwitzen,
- Lustlosigkeit,
- Verdauungsprobleme,
- Aggressivität,
- Ruhelosigkeit,
- Unkonzentriertheit.

Wenn wir lange genug nachdenken, kommt bestimmt noch die eine oder andere *Erscheinung* hinzu. Doch was es auch sein mag, es wird kommen und wieder verschwinden, *egal* ob Sie rauchen oder nicht. Nur, wenn Sie rauchen, wird es bestimmt wieder kommen. Wir versprechen Ihnen hiermit, dass manche dieser Dinge im Laufe des Lebens irgendwann wieder auftreten werden. Das Versprechen können wir in jedem Fall halten, denn all das passiert auch Nichtrauchern! Was machen Nichtraucher, wenn sie zum Beispiel aggressiv werden? Durchatmen, andere Gedanken kommen lassen, spazieren gehen, etwas in der Art. Das hilft Nichtrauchern *und* Rauchern, wenn sie aufgehört haben! Was hindert Sie daran, dasselbe zu machen? Nichts!

Diese Erscheinungen werden nur dann schmerzhaft werden, wenn Sie es so bewerten. Zum Beispiel dann, wenn Sie einen Grund suchen, um das Rauchen wieder anzufangen. Dann geht der Selbstbetrug eben weiter.

Im alleräußersten Notfall, wenn Sie wegen Schweißausbrüchen schon zusätzliche Hemden brauchen sollten, dann gehen Sie zur Apotheke und schildern Sie dem Apotheker Ihr Symptom. Sprechen Sie konkret von dem, was Sie stört. Sagen Sie aber nichts davon, dass Sie einen Nikotinentzug machen, denn dann verpasst er Ihnen womöglich ein Nikotinpflaster *und macht Sie dadurch wieder süchtig!* Sehen Sie vielleicht einen Unterschied zwischen Zigaretten-Nikotinsucht und Lutschtabletten-Nikotinsucht?

ENTZUGS-"ERSCHEINUNGEN" – GUT ODER SCHLECHT?

Wenn nun tatsächlich so etwas auftritt, ist es dann gut oder schlecht? Die Antwort liegt auf der Hand: Wenn *Erscheinungen* auftreten, dann ist es *gut*, es ist ein Zeichen, dass Sie gesund werden. Der Nikotinentzug ist ein *Gesundungsprozess!* Wie bei einer Grippe. Und es dauert auch nur ein paar Tage. Lassen Sie das vier oder fünf Tage dauern, aber dann ist es vorbei und kommt *nie wieder!* Darüber hinaus werden Sie, wenn überhaupt, nicht dauernde Erscheinungen haben, sondern höchstens zwischendurch mal eine Unpässlichkeit, die schnell auch wieder weg ist. Wie bei einem Nichtraucher auch.

DER GRUND FÜR DIE „ERSCHEINUNGEN"

Und was wäre der Grund, wenn es zu unangenehmen Zuständen käme, die Sie auf den Entzug zurückführen? Wäre es dann vom Rauchen oder vom Nichtrauchen? Warum zittert der Trinker? *Weil* er trinkt oder weil er *nicht* trinkt? Sie erinnern sich: Der Alkoholiker zittert nicht, weil er *nicht* trinkt, er zittert, *weil* er trinkt! Die Ursache für die Erscheinungen wäre das Rauchen! Kein Rauchen, keine Erscheinungen!

WENN SIE KEINE *ERSCHEINUNGEN* HABEN

Es gibt auch ehemalige Raucher, die von überhaupt keinen *Erscheinungen* berichten. Vielleicht kennen Sie auch solche Fälle. Es kann also durchaus sein, dass eben *nichts* passiert. Wenn nichts passiert, wenn Sie keine *Erscheinungen* haben, dann suchen Sie bitte nicht danach. Tigern Sie nicht im Büro auf und ab und denken sich: „Wann kommt jetzt die Aggressivität, wann kommt jetzt der Schweißausbruch ..." Sie wissen ja, dass es nur Erscheinungen sind und dass Nichtraucher diese Dinge auch haben können!

Gesundungserscheinungen genießen!

Alles, was Sie nach Ihrer Allerletzten erleben werden, sind Gesundungserscheinungen. Gönnen Sie sich doch die paar Wochen, die es braucht, bis die dringendsten Reparaturen erledigt sind. Sie müssen nicht mal was dafür tun. Es geht vollkommen automatisch. Ihr Körper ist ein absolutes Wunder, was das betrifft. Sollte es irgendwo zu kribbeln beginnen, dann können Sie sich denken: „Hurra, es kommt wieder Blut durch die Gefäße!" Sollten Sie nachts mal aufwachen, können Sie denken: „Hurra, es steht wieder Energie zur Verfügung!" Sollte sich in der Verdauung etwas ändern: „Hurra, die Verdauungssäfte fließen wieder!" Also freuen Sie sich! Das sind eindeutige Zeichen, dass es Ihnen besser geht!

Mund und Finger beschäftigen

Durchschnittliche Raucher bringen es auf etwa eine Schachtel am Tag. 20 Zigaretten à 15 Züge sind schon mal 300 Aktionen am und mit dem Mund und den Fingern pro Tag. 2.100 Aktionen in der Woche. Wenn das plötzlich wegfällt, können schon mal Situationen entstehen, in denen man sich fragt, ob jetzt etwas fehlt. Das tut es nicht, aber denken Sie sich ein Unterhaltungsprogramm für Ihre Finger und Ihren Mund aus. Hier sind ein paar Ideen:

- → Zähneputzen,
- → Fingerspiele machen (siehe Literaturtipps, Meister Wang),
- → Zahnseide ausprobieren,
- → Küssen,
- → Geschicklichkeitsübungen machen,
- → Zunge rollen in beide Richtungen,
- → Jongliertricks üben,
- → und so weiter.

Der Husten

Kann sein, dass Sie das überrascht, aber der Husten wird die ersten paar Wochen nach der letzten Zigarette eher zu- als abnehmen. Das liegt daran, dass Ihre Lunge nach langer Zeit die Gelegenheit hat, den Dreck restlos hinaus zu befördern. Solange immer wieder mit Teer und Schmerzmittel nachgeschmiert wird, bleibt viel von dem Zeug drinnen. Lassen Sie sich deswegen nicht beirren. Nach ein paar Wochen wird es besser, irgendwann hört der Husten ganz auf. Außer, Sie haben eine Erkältung. Im Moment könnten Sie nicht mal sagen, ob Sie eine Erkältung haben, weil Sie sowieso permanent husten.

+++ Erfahrungsbericht +++

Gerlinde H.:

Noch in der vierten Stunde des Seminars dachte ich mir: Was für eine Zeitverschwendung! Nach dem Seminar war ich in Eile, weil ich zum Preisschafkopfen ging. Zufällig spielte ich mit einem Bekannten am Tisch und er sagte: „Endlich Pause, jetzt kannst du eine rauchen gehen". Ich sagte daraufhin, ich sei jetzt Nichtraucherin. Seit wann, wollte er dann wissen. Da sagte ich ihm: „Seit jetzt!" Und ich bin es bis heute, obwohl mein Mann weiterhin raucht. Vielen Dank für das Seminar und alles Gute!

Mental weg von der Sucht!

Wenn Sie nach der letzten Zigarette körperliche Veränderungen wahrnehmen, dann ist das gut für Sie. Schlimm wird es auf keinen Fall. Aber wie lassen Sie die mentalen Aspekte hinter sich? Wie werden Sie zum Beispiel mit den *Reflex*-Situationen umgehen? Wie wäre es, wenn Sie die in Zukunft vermeiden?

Reflexrauchen-Situationen vermeiden?

Das könnte bedeuten, nie mehr einen Kaffee zu trinken. Oder nie mehr zur Toilette zu gehen. Kann das klappen? Auf keinen Fall!

Machen Sie sich immer wieder bewusst, dass diese Situationen *mit dem Rauchen nichts zu tun* hatten! Rauchen hat Ihnen *nie* geholfen, wenn Sie Stress hatten, oder wenn Sie sich entspannen wollten, oder was auch immer. Der einzige Grund für das Rauchen war, den Nikotinpegel wieder aufzufüllen: Suchtbefriedigung! Sie haben immer nur die Sucht befriedigt, aber niemals sich selbst! Doch warum sollten Sie auf all die schönen Momente im Leben verzichten, die während der Suchtbefriedigung geschehen sind? Führen Sie das Leben weiter, wie Sie es geführt haben. Machen Sie alles weiter, nur ohne zu rauchen dabei, danach oder davor. Verzichten Sie auf nichts! Oder wollen Sie nie mehr eine Pause machen und dabei eine Tasse Kaffee genießen? Ganz automatisch wird es die eine oder andere Veränderung in Ihrer täglichen Routine geben, aber verzichten Sie deswegen auf nichts! Gehen Sie ruhig auch mit Kollegen, die noch rauchen, zur Zigarettenpause. Machen Sie das fünf Mal am Tag. Wenn Ihnen das nach ein paar Tagen langweilig wird, dann gehen Sie eben nicht mehr mit.

Es ist unmöglich diese Situationen zu vermeiden! Zum Beispiel Stress. Wir können lernen, damit besser umzugehen. Die Ursache für Stress wird immer in uns selbst zu finden sein, aber der Auslöser, dass wir uns gestresst fühlen, kommt von außen. Genauso Langeweile. Es kommt nun mal vor, dass wir auf eine Straßenbahn, einen Bus oder den Zug warten müssen und so zu einer Pause gezwungen werden. Oder dass bei einer Verabredung was dazwischenkommt.

Aber was hilft es, wenn wir dann rauchen? Gar nichts! Aber man hat Zeit, die Belästigung durch den Entzug besser wahrzunehmen – und den Pegel wieder auf 100 Prozent zu bringen.

Diese Situationen können Sie nicht vermeiden. Aber haben Sie jetzt überhaupt noch Lust auf eine Zigarette? Falls, was wir nicht annehmen, die Antwort *ja* wäre: würden Zwangsmaßnahmen etwas helfen?

Betreten des Rasens verboten?!

Ist es nicht besonders reizvoll, sich auf einen Rasen zu legen, wenn ein Schild davor steht, das Betreten sei verboten? Wie ist es dann, wenn Sie sich selbst ein solches Schild in den Kopf stellen: Rauchen verboten! Und wer sollte es überhaupt kontrollieren? Es gibt Menschen, die das über Jahre und sogar Jahrzehnte schaffen, aber irgendwann genehmigen sie sich dann doch die Ausnahme von der Regel. Es gibt sogar Leute, die sich vornehmen, bis zum 60-sten Geburtstag nicht zu rauchen, und dann wieder damit anzufangen. Wie auch immer: fragen Sie sich bitte, was das für ein Leben sein soll, in dem ich möglicherweise bis ans Ende auf etwas verzichten soll, das mir eigentlich Spaß macht.

Sie kennen bestimmt Raucher, die vor zehn Jahren aufgehört haben, aber in bestimmten Situationen immer noch vor sich hinmurmeln: „Jetzt würde eine schmecken." Das sind Raucher, die sich zwingen, nicht zu rauchen. Man könnte sagen, es sind *rußfreie Raucher*. Es gibt ja die Vorstellung bei Alkoholikern, dass es „nasse" und „trockene" gibt. In Analogie dazu könnte man von „rußigen" und „rußfreien" Rauchern sprechen. Von nichtrauchenden Rauchern sozusagen. Die müssen sich permanent zwingen, etwas *nicht* zu tun. Das kann Jahrzehnte klappen, aber wird es Spaß machen? Wollen Sie sich wirklich ein Leben lang so quälen? Wenn Sie das wollen, können Sie es selbstverständlich machen, aber leicht wird es bestimmt nicht!

Wenn Sie heute mit all Ihren Freunden bei einem Festessen wären und es gäbe dort Ihre Leibspeise, was würden Sie denken, wenn alle davon bekämen, nur Sie nicht? Stellen Sie sich die Situation bildlich vor: Die Tafel ist festlich gedeckt, aus der Küche duftet es schon, der Kellner bringt die ersten Portionen und Sie freuen sich auf Ihre. Das Wasser läuft Ihnen im Mund zusammen. Doch dann geschieht das Unglaubliche: der Kellner überspringt Sie. Für Sie gibt es das wunderbare Essen nicht. Die anderen schmatzen und bekommen auch einen Nachschlag, wenn sie es wollen, nur Sie bekommen nicht einen einzigen Krümel davon. Wie fühlen Sie sich? Jetzt verlassen Sie beleidigt den Saal und sind entschlossen, beim Geschäftsführer ordentlich Dampf abzulassen. Da hören Sie zufällig als Sie an der Küche vorbeigehen, wie der Koch zum Kellner sagt: „In dem Essen sind Salmonellen." Wie fühlen Sie sich jetzt? Aus dem Festsaal kommen inzwischen Ihre Freunde gelaufen und bieten Ihnen von deren Portionen etwas an. Würden Sie es noch haben wollen? Wahrscheinlich nicht. Die große Frage ist: *warum* wollen Sie es nicht mehr?

Das Prinzip ist einfach. Wenn Sie Lust auf etwas haben und darauf verzichten müssen, ist es schwer zu verzichten. Wenn Sie über diese Sache etwas lernen, was Ihnen den Appetit verdirbt, sind Sie froh, dass Sie ablehnen können. Verzicht zu üben bedeutet Zwang gegen sich selbst, keine Lust zu haben, bedeutet *frei* zu sein! Lässt sich der Appetit auf Zigaretten eigentlich noch gründlicher verderben, als mit der Geschmacksprobe?

Sie KÖNNEN sich die Freiheit erlauben!

Sie haben in dem Beispiel gerade eben gesehen, dass entscheidend ist, was in unserem Kopf abgeht. Erst kommt der Gedanke, dann die Handlung! Deshalb betrachten wir das Beispiel nochmal durch die psychologische Brille: Zuerst waren Sie deprimiert und hatten schlechte Gefühle bis hin zur Wut, weil Sie zum *Verzichten* gezwungen wurden. Dann haben Sie etwas erfahren, das Ihre Sichtweise veränderte und Sie *wollten nicht mehr*! Dabei hatten Sie Gefühle der Erleichterung und der Freude, weil Ihnen ein schwerer Nachteil erspart blieb.

Wenn Sie auf einen Berg steigen sollen und überhaupt keine Lust dazu haben, wird der Weg anstrengend und unerfreulich werden. Sind Sie begeisterter Bergsteiger, wird Sie die Herausforderung anlocken! Dieses Prinzip wenden wir jetzt auf das Rauchen an.

Und jetzt sind Sie an der Reihe: **Sie *können* sich erlauben, *frei* zu sein**, sich gut zu fühlen ohne Druck, ohne Gestank, ohne tödliche Gifte, ohne sinnlose Geldvernichtung. Das *Können* verstehen Sie bitte nicht als „kann sein, kann auch nicht sein", sondern als *Können* im Sinne einer *Fähigkeit* wie Autofahren. Am besten, Sie sprechen die folgenden Sätze laut und erfühlen die Wirkung der jeweils ersten und dann der zweiten Version:

Ich darf nicht rauchen! Ich muss aufhören.
Ich muss nicht rauchen. Ich KANN aufhören.

Ich darf nicht krank werden! Ich muss gesund sein!
Ich muss nicht krank werden. Ich KANN gesund sein.

Ich darf mein Geld nicht verbrennen! Ich muss reich sein!
Ich muss Geld nicht verbrennen. Ich KANN reich sein.

Ich darf nicht süchtig sein! Ich muss frei sein!
Ich muss nicht süchtig sein. Ich KANN frei sein.

Ich darf nicht stinken! Ich muss gut riechen!
Ich muss nicht stinken. Ich KANN gut riechen.

Statt „kann" können Sie auch „darf" in die Sätze einfügen. Wenn Sie versuchen, sich zu etwas zu zwingen, dann kommt sofort und völlig automatisch eine Trotzreaktion. Bei Kindern sagt man „Trotz" bei Erwachsenen „Reaktanz". Selbstverständlich können Sie sagen: „Mit meinem Geld kann ich machen, was ich will. Wenn´s mir passt, dann schiebe ich es morgen in den Ofen". Oder Sie halten es wie das Gesangsduo „Die Doofen" mit dem Hit „Mief"? An einer Stelle heißt es: „Nimm´ mich jetzt, auch wenn ich stinke, denn sonst sag´ ich winkewinke […]". Aber das wollen Sie nicht – und Sie müssen auch nicht!

Sagen Sie die Sätze auf der vorhergehenden Seite ruhig öfter. Damit sprechen Sie aus, dass Sie gegenüber Zigaretten nunmehr einen völlig anderen Standpunkt einnehmen, als noch vor kurzer Zeit. Sie dokumentieren damit Ihr neues Denken. Andererseits könnte Sie niemand aufhalten, wenn Sie morgen beschließen, wieder mit dem Rauchen anzufangen. Haben Sie schon mal *wieder* angefangen? Welche Gefühle hatten Sie dabei? Waren Sie stolz auf sich oder haben Sie sich Vorwürfe gemacht? Wahrscheinlich Letzteres und wir versprechen Ihnen, dass es wieder so sein würde!

Wenn wir, Peter Bußjäger und Özgen Senol, wollten, könnten wir morgen mit dem Rauchen wieder anfangen. Nichts und niemand könnte uns aufhalten, Zigaretten könnten wir überall bekommen. Das Schönste dabei ist jedoch, dass das niemand machen muss. Wir *wollen nicht*! Nicht jetzt, nicht morgen, nie mehr, denn

Rauchen ist nun mal widerlich – WIDERLICH !
Sich von Zigaretten oder jeglichen Nikotinlieferanten zu trennen ist kein trauriger Abschied sondern **eine Erlösung!**

Langsam wird die Sache rund.

Andere Raucher

Gute Freunde, schlechte Freunde

Nach Ihrem Rauchstopp werden Sie zwei Sorten von Rauchern begegnen: jenen, die sagen „toll, gratuliere, alles Gute" und jenen, die Ihnen eine Wette anbieten, dass Sie nicht länger durchhalten als 14 Tage. Egal, welche Sorte Sie treffen, alle beneiden Sie! Die wenigsten werden es zugeben, aber sie beneiden Sie! Sie haben nämlich das Elend hinter sich, während die anderen immer noch an schlechtem Gewissen und Angst leiden müssen. Seien Sie zu diesen Menschen *erbarmungslos freundlich*! Auch dann, wenn Ihnen die schlechten Scherze zwischendurch die Laune verderben. Die Frage ist, ob ein echter Freund das machen würde.

Nehmen wir an, Sie hätten einen Freund lange nicht gesehen, von dem Sie wissen, dass er Trinker ist. Jetzt besuchen Sie ihn und sehen, dass er nicht mehr trinkt. Er ist trocken. Was wären Sie für ein Freund, wenn Sie nun versuchen würden, ihn zu einem Bierchen zu überreden? Beim Rauchen ist es nicht anders!

Wir setzen Sie bei FUMITO an keiner Stelle unter Druck. Sie haben immer die Wahl, ob Sie unseren Argumenten und Vorschlägen folgen oder nicht. Aber an dieser Stelle müssen wir deutlicher werden: **Lassen Sie sich als Nichtraucher keinesfalls von Ihren noch rauchenden Freunden und Bekannten verführen oder unter Druck setzen!**

Die Erfahrung zeigt, dass Ex-Raucher am ehesten wieder anfangen, wenn sie von Freunden und Bekannten oder sogar dem Partner dazu überredet werden. Das hat natürlich einen Grund. In dem Moment, wo Sie Nichtraucher sind, verwandeln Sie sich in den Augen Ihrer rauchenden Bekannten, Freunde und vielleicht in jenen Ihres Lebenspartners, in deren SGIB! Sie werden zu deren innerer Stimme der Vernunft, auch wenn Sie keinen Ton sagen. Ihre bloße Anwesenheit bringt deren YACK zum Toben.

Raucher, die Ihnen nahe stehen

Sie werden daher erleben, dass sich manche Ihrer Beziehungen zu Rauchern verschlechtern. Die Gefahr besteht sogar besonders bei jenen Menschen, die Ihnen sehr nahe stehen. Ihr Lebenspartner wird sich, falls er Raucher ist, ununterbrochen als Trottel fühlen. Zumindest die ersten paar Wochen, die Sie Nichtraucher sind. Bleiben Sie Ihrer Linie treu, auch wenn der Partner manchmal komisch schaut. Das legt sich nach einer gewissen Zeit.

Halten Sie den noch rauchenden Menschen in Ihrer Umgebung zugute, dass sie vom Rauchen leider (noch) nicht so viel verstehen wie Sie. Deshalb meinen sie es auch nicht böse, wenn sie dumme Scherze machen und dumm aus der Wäsche schauen, wenn Sie plötzlich ohne die Kippe glücklich sind. Seien Sie also nicht streng mit ihnen. Normalerweise müssten Ihnen diese Leute leid tun. Sie wissen ja nun, wie leicht es ist, das Rauchen aufzuhören – und wie schwer und sinnlos, sich daran zu klammern!

Unsere Empfehlung lautet daher:

Denken Sie immer daran, dass Leute, die Sie als Raucher kannten, und immer noch selbst Raucher sind, Sie beneiden! Seien Sie zu diesen Menschen ERBARMUNGSLOS FREUNDLICH und VERMEIDEN SIE RATSCHLÄGE!

Falls Ihnen früher Ihr Arzt gesagt hätte, Sie sollen das Rauchen aufhören, hätten Sie sich auch gedacht: „Das weiß ich selbst!" Unter Umständen hätten Sie noch ein paar Titel hinzugefügt, zum Beispiel „Klugscheißer" oder so. Und vergessen Sie nicht, dass Sie vor ein paar Tagen noch derselben Meinung wie die Raucher waren: es schmeckt, entspannt, hilft. Machen Sie am besten gar keine Äußerungen über das Rauchen. Weder, dass Sie darüber glücklich sind, nicht mehr zu rauchen, noch, dass Raucher Ihnen leid tun. Sagen Sie gar nichts, belehren Sie nicht, aber vertreten Sie Ihre Entscheidung freundlich und bestimmt. Wie Sie Ihnen nahestehende Menschen am besten unterstützen und ihnen für das Aufhören Mut machen können, zeigen wir noch.

Raucher, die Ihnen nichts bedeuten

Andere Raucher, die Ihnen nichts bedeuten, können auch eine Hilfe sein, Ihre Entscheidung zu festigen. Wenn Sie Raucher einfach nur beobachten, wird Ihnen ins Auge springen, wie nervös, unentspannt und ängstlich sie sind. Schon haben Sie wieder einen Moment, an dem Sie Ihren Entschluss sich selbst gegenüber bestätigen können. Machen Sie das ab und zu. Auch, wenn Sie schon längere Zeit nicht mehr rauchen.

Was tun, wenn´s zwickt?

Es kann vorkommen, dass Sie sich denken: „Jetzt rauche ich eine". Zum Beispiel, wenn Sie sich geärgert haben. Oder wenn eine Katastrophe passiert. Gut möglich, dass Sie schon jetzt vor solchen Momenten Angst haben. Angst davor, eine Dummheit zu machen, indem Sie sich tatsächlich eine anzünden.

Diese Gedanken an das Rauchen können Sie nicht verbieten. Sie kommen und sie gehen auch wieder. Sobald Sie versuchen, *nicht* an das Rauchen zu denken, wird es schwer. Sie können nicht *nicht* an einen weißen oder einen rosaroten oder einen grünen Elefanten denken, wenn das hier im Text steht. Sie müssen dann daran denken! Nicht wahr? Also lassen Sie es einfach zu, dass gelegentlich eine Erinnerung an das Rauchen kommt. Es kommen ja auch andere Erinnerungen. An das erste Auto zum Beispiel oder an die erste Liebe. Deswegen gehen Sie auch nicht zum Schrottplatz und holen das Fahrzeug wieder, oder rufen die Person gleich an, um ihr vom ersten Kuss vor zu schwärmen. Was vorbei ist, ist vorbei. So ist es im Leben. Und wenn das Rauchen vorbei ist, dann ist eben das Rauchen vorbei.

Würden Sie einer Zecke nachtrauern?

Und was ist eigentlich vorbei? Eine große Liebe oder das größte denkbare Elend, in das man geraten kann? Jetzt, nachdem Sie das Rauchen verstanden haben, wissen Sie, dass Sie sich nicht von einem Freund trennen, sondern von einem Feind! Seien Sie froh und glücklich darüber. Würden Sie einer Zecke nachtrauern, die Sie gerade entfernt haben? Auf die Gefahr hin, uns zu wiederholen: Rauchen ist nun mal *widerlich*! Es gibt daher nichts, worüber Sie traurig sein müssten. Manche Trennungen machen richtig Spaß!

Trotzdem! Lassen Sie uns den Reflex ernst nehmen und kurz darüber nachdenken, was wir in so einem Fall machen können. Eins ist klar:

es kann sich wirklich nur um ein „Zwicken" handeln, nichts weiter Schlimmes. Dann zwickt´s eben kurz mal – na und? Echte, unangenehme Entzugserscheinungen wie beim Heroin etwa gibt es nicht, also braucht es nur ein paar Tricks, um damit fertig zu werden.

Die vier „T"

Zum Beispiel die 4 „T"::
- ➜ Tot stellen
- ➜ Tief atmen,
- ➜ Trinken (ein Glas Wasser),
- ➜ Tätigkeit verrichten (z.B. Altpapier wegbringen).

Wenn Sie eins davon gemacht haben, ist der Gedanke ans Rauchen auch schon längst vorbei.

Visualisieren Sie das Nichtrauchen!

Der mit Abstand beste Trick ist, sich das Nichtrauchen vorzustellen. Motivationsexperten sprechen von „Visualisierung". Wenn man sich ein Ziel oder einen erstrebenswerten Zustand zusammen mit guten Gefühlen geistig herholen kann, dann sind Zweifel und schlechte Gefühle sofort verschwunden.

Wie haben Sie sich gefühlt bei dem Gedanken an das Nichtrauchen, *bevor* Sie dieses Buch gelesen haben? Wahrscheinlich nicht so gut. Wie fühlen Sie sich jetzt, wenn Sie bald Ihre allerletzte Kippe anzünden? Können Sie es überhaupt noch erwarten? Nichtrauchen wird für Sie sein, wie in den Urlaub zu gehen – *für immer!* Nie mehr ein schlechtes Gewissen haben, nie mehr Angst haben, nie mehr dumme Ausreden brauchen, und so weiter.

Malen Sie sich in allen Farben aus, wie schön das Leben ohne Zigaretten ist! Es ist viel besser, wenn Sie sich mit diesem positiven Gedanken motivieren, als an die negativen Aspekte zu denken: Rauchen stinkt, ist teuer, sinnlos, und so weiter.

Lösen Sie die falschen Verknüpfungen eine nach der anderen

In kürzester Zeit werden Sie alle Situationen als Nichtraucher erleben, in denen Sie als Raucher automatisch zur Zigarette gegriffen hätten. Wir haben sie die *Reflex*-Situationen genannt, weil Sie konditioniert waren auf Rauchen: Pause > Rauchen; Autofahren > Rauchen; Telefon > Rauchen, und andere.

Nutzen Sie diese Momente, um sich daran zu erinnern, dass all diese Situationen mit der Kippe *nichts* zu tun hatten. Sie haben dabei nur geraucht, weil der Pegel unten war! Sie haben die Sucht befriedigt, nichts weiter.

Sie werden erleben, dass Ihr Auto auch ohne Zigarette am Ziel ankommt, dass der Kaffee auch ohne Zigarette schmeckt. Nach ein paar Tagen werden Sie erleben, dass er ganz anderes schmeckt. Als Raucher konnten Sie kaum beurteilen, wie etwas schmeckt. Das Thema Geschmack bringt uns nun zu einer Frage, die viele Raucher beschäftigt: Werden wir jetzt dick?

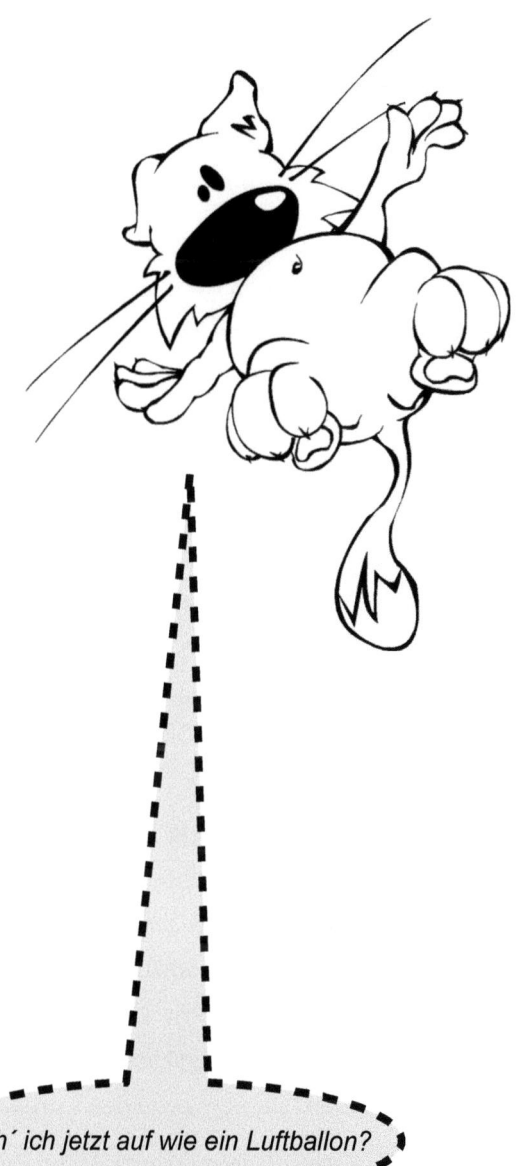

Werden wir jetzt dick?

Rauchen macht dick!

Eine der Legenden, die sich um das Rauchen ranken, ist die Mär, es mache schlank. Stellen Sie sich das mal vor: Rauchen macht schlank, und nur weil jemand raucht, sieht er aus wie ein Top-Model – diese Diät wollen wir doch alle gleich haben, oder? Da haben wir uns auf die Suche gemacht und haben sämtliche Zeitungen durchgesehen, aber eine *Rauch-Diät* haben wir nirgendwo gefunden. Kein Arzt, kein Schlankheits-Guru, niemand empfiehlt ernsthaft, es solle jemand mit dem Rauchen anfangen, wenn er abnehmen will. Scherz beiseite – wenn es stimmen würde, dass Rauchen schlank macht, dann wären alle Raucher schlank. Das ist nicht der Fall. Schauen Sie nur mal einen Tag lang alle Raucher daraufhin an, ob sie dick oder dünn sind. Sie werden staunen.

Rauchen hält weder schlank, noch führt ein Rauchstopp dazu, dass man dick wird. Tatsächlich ist es im Gegenteil so, dass Raucher ein erhebliches Risiko haben, dick zu werden *wegen* Rauchen. Wer in seiner Jugend bereits regelmäßig raucht, wird eher fettleibig als ein Nichtraucher[72]. Das trifft – Ironie des Schicksals – besonders auf Frauen zu, für die der Propagandatrick, Rauchen mache schlank, um das Jahr 1930 herum von Edward Bernays erfunden wurde.

---

[72] Saarni, Pietiläinen, Kantonen, Rissanen, Kaprio: Association of smoking in adolescence with abdominal obesity in adulthood: a follow-up study of 5 birth cohorts of Finnish twins. In:<u>Am J Public Health.</u> 2009 Feb;99(2):348-54. Doi: 10.2105/AJPH.2007.123851. Epub 2008 Dec 4.

Die Faktenlage ist eindeutig über den Zusammenhang zwischen Rauchen und Gewichtsentwicklung, wenn man aufhört: Es gibt keinen Zusammenhang. Im Juli 2012 veröffentlichte das BMJ (British Medical Journal) eine Studie über die durchschnittliche Gewichtsveränderung von Rauchern zwölf Monate nach einem Rauchstopp[73]. Danach nahmen 37 % weniger als fünf Kilo, 34 % zwischen fünf und zehn Kilo und 13 % mehr als zehn Kilo zu. Wenn Sie mitgerechnet haben, dann wissen Sie, dass noch 16 % fehlen. Die nahmen ab! Körpergewicht und Figur können Sie durch Kalorienzufuhr und -verbrennung steuern, aber nicht mit Rauchen!

Freunde von uns haben geheiratet und sind dann bald ein bisschen dicker gewesen als vorher. Ist es jetzt das Heiraten, das dick macht? Müssen wir Menschen, die ihre Figur behalten wollen, vor dem Heiraten warnen? Es ist sonnenklar, dass Heiraten mit der Figur ebenso wenig zu tun hat wie ledig bleiben, oder rauchen!

Selbstverständlich werden Sie *nicht* dick, wenn Sie endgültig das Rauchen aufhören! Rauchen und Ihre Figur haben nichts miteinander zu tun. Doch Sie müssen wissen, dass Rauchen Ihren Energiehaushalt minimal beeinflusst. Und Sie müssen berücksichtigen, dass die Gier nach Nikotin ein ähnliches Gefühl ist, wie der Hunger nach Nahrung. Raucher haben zwei Hungergefühle, könnte man sagen.

---

[73] Aubin, Farley, Lycett, Lahmek, Aeeyard; Weight Gain In Smokers After Quitting Cigarettes: meta-analysis; in: BMJ, Juli 2012, 345, e4439, http://www.bmj.com/content/345/bmj.e4439

Gier oder Hunger? Was ist was?

Die Gier nach Nikotin und Hunger nach Nahrung haben eine gewisse Ähnlichkeit. Man könnte es verwechseln. Wenn Sie daher nur Ihre Ernährung beibehalten nach Ihrer letzten Zigarette, dann kann nicht viel passieren. Wenn Sie dagegen versuchen, die sinnlose Gier nach Nikotin mit Nahrung zu beseitigen, am Ende noch mit Schokolade, dann werden Sie sehr wahrscheinlich zunehmen, wenn Sie nicht ein umfangreiches Sportprogramm beginnen. Denken Sie immer daran: Nikotin kann durch nichts ersetzt werden, und Nikotin ersetzt nichts anderes! Wenn Sie also bisher zwei Semmeln gegessen haben am Morgen, essen Sie künftig auch zwei Semmeln, nicht mehr. Wenn Sie bisher nur einmal am Tag gegessen haben, essen Sie künftig auch nur einmal am Tag. Am besten, Sie schreiben auf, was Sie als Raucher ten das erst einmal genauso bei. Sie nehmen dann ein klein wenig mehr Kalorien auf, als Sie nötig hätten, weil der Raucherkalorienbedarf wegfällt. Auf die besonderen Raucherkalorien kommen wir gleich zu sprechen.

Ein paar Tage, nachdem Sie die letzte Zigarette geraucht haben, wird beides auftreten: Hunger *und* Gier. Solange eben noch eine gewisse Menge Nikotin im Umlauf ist. Wenn Sie Ihre Nahrungsaufnahme dokumentiert haben, dann können Sie Hunger und Gier leicht unterscheiden: taucht nachmittags 14:00 Uhr ein Hunger auf, und Sie haben bisher um 14:00 Uhr noch nie etwas gegessen, dann ist es nicht Hunger sondern Gier. Essen Sie dann nichts! Es wäre auch falsch, wenn Sie nun kistenweise Äpfel und Karotten kaufen. Tag für Tag zehn, zwanzig Portionen Äpfel essen bringt es nicht, das brauchen Sie nicht! Die *körperliche* Gier wird mit dem Nikotin verschwinden.

Erinnern Sie sich an die Abbaukurve von Nikotin und die Gierkurve? Wenn bisher in der Lektüre alles geklappt hat, dann sollte jetzt der mentale Aspekt der Gier erledigt sein. Oder haben Sie nach allem, was Sie jetzt wissen, noch Lust auf die Kippe? In dem Moment, an dem die mentale Gier wegfällt, ändert die Kurve ihren Lauf. Ab dann geht sie parallel zur Pegelkurve gegen Null. Die Pegel- und Gierkurven, wie auf Seite 92 gezeigt, entsprechen der eines rußfreien Rauchers, die Pegel- und Gierkurven eines Rauchers, der wieder Nichtraucher ist, sehen aus wie in der folgenden Darstellung – die mentale Dimension der Gier ist weg, nur die körperliche ist noch kurze Zeit da:

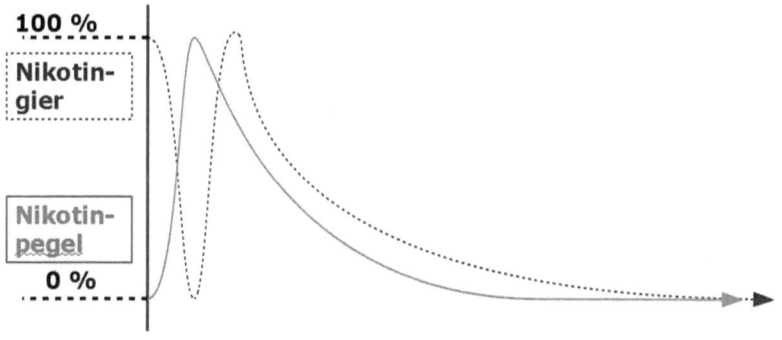

Die Geschmacksexplosion

Vorsicht: Geschmacksfalle! Machen Sie sich bewusst, dass Ihre Geschmacksnerven nicht richtig arbeiten konnten, solange Sie Raucher waren. Den herrlichen Geschmack von frischem Gemüse, feinen Gewürzen, kräftigen Saucen, aromatischen Tees konnten Sie gar nicht wahrnehmen. Alles war gefiltert durch eine Schicht ekelhafter Verbrennungsabfälle. Und plötzlich sind Sie in der Lage, verschiedene – nur als Beispiel – Kartoffelsorten zu unterscheiden. Sie werden davon begeistert sein. Und Sie könnten verführt sein, zu schnell alles nachzuholen, was Sie an Geschmackserlebnissen in der Vergangenheit verpasst haben. Dann werden Sie natürlich dick! Deshalb ist es wichtig, dass Sie die Menge an Nahrung, die Sie im Moment täglich zu sich nehmen, abschätzen und am besten aufschreiben. Wenn Sie als Nichtraucher dieselbe Menge an Nahrung zu sich nehmen wie als Raucher, dann werden Sie Ihre Figur behalten. Also stopfen Sie am Anfang nicht unkontrolliert alles an Nahrung in sich hinein, nur weil es so toll schmeckt! Essen Sie weiter wie gewohnt.

Die Energiebilanz

Raucher verbrennen im Vergleich zu Nichtrauchern ein wenig mehr Kalorien. Das würden wir feststellen, wenn wir zwei Personen vergleichen (einen Raucher und einen Nichtraucher), die exakt dasselbe wiegen, tun und essen. Warum ist das so? Die Hauptlast der zusätzlich erforderlichen Raucherkalorien entfällt auf das Herz. Es muss pumpen wie verrückt, um den Sauerstoffmangel zu beheben, den die CO-Vergiftung auslöst. Daneben gibt es einen erhöhten Ausscheidungsumsatz. So, wie die Ausscheidung von Nahrung einen gewissen Einsatz an Energie erfordert, verlangen die über Viertausend Zerfallsprodukte, die beim Rauchen anfallen, nach einer besonderen Behandlung. In erster Linie nach Husten! Das ist aber im Vergleich zur Pulsfrequenzsteigerung minimal. Raucher müssen also mehr Kalorien verbrauchen, weil sie das Gift und die Atemnot wieder loswerden müssen.

Was schätzen Sie – wie viele Kalorien sind es, die Raucher zusätzlich verbrennen müssen? Der tägliche Bedarf für eine 60 Kilo schwere Büroangestellte liegt bei etwa 2000 Kilokalorien (im Folgenden: kcal), ein Büroangestellter mit 80 Kilo bringt es auf knapp 3000 kcal. Was schätzen Sie, wie viele kcal das Rauchen zusätzlich verlangt? Wenn die Geschichten stimmen sollen, dass man nach dem Rauchstopp gewaltig zunimmt, dann müssen das doch bestimmt 400 oder 500 kcal sein, oder?

Weit gefehlt! Es ist gerade mal so viel Energie, wie in einer Banane steckt, etwa 120 kcal. Wenn Sie extrem viel rauchen, mehr als 24 Zigaretten täglich, dann kann es auch etwas mehr sein, bis zu über 200 kcal[74]. Das entspricht einem Müsliriegel. Wenn Sie an Schokoriegel denken, dann ist es nicht mal ein ganzer![75] Ist es möglich, davon dick zu werden? Sie können wegen dieser einen Banane nicht soviel zunehmen, als würden Sie jeden Tag einen Braten oder zwei Stück Torte zusätzlich verspeisen. Es ändert sich etwas in Ihrem Stoffwechsel, aber lassen Sie uns die Sache realistisch betrachten.

Sie sehen, das ist *nicht* dramatisch! Dramatisch könnte es werden, wenn Sie den Nikotinhunger außer Acht lassen, den Sie nach dem Rauchstopp noch einige Tage haben werden. Wenn Sie das Rauchen zum Beispiel mit Süßigkeiten oder auch mit Obst oder irgendeiner anderen Nahrung ersetzen wollen, dann werden Sie natürlich dick –

---

[74] Angela Hofstetter, Yves Schutz, Eric Jéquier, John Wahren: Increased 24-hour energy expenditure in cigarette smokers. N Engl J Med 1986; 314: 79
[75] Ein Mars-Riegel enthält 244 kcal: http://www.jolie.de/bildergalerien/kalorientabelle-fuer-schnelle-snacks-und-schokoriegel-2069141.html (02.02.2015)

ist ja logisch. So wenig, wie Sie gegen Durst essen können, können Sie gegen Nikotinhunger essen. Aber den haben Sie ohnehin bald gar nicht mehr.

Wohin mit den Raucherkalorien?

Wie gesagt, es ist minimal, was Raucher an Energie mehr verbrauchen (müssen!) als Nichtraucher. Dennoch wollen wir an dieser Stelle ein paar Tipps geben, wie Sie auf Nummer sicher gehen können, dass Sie bestimmt keinen Speck ansetzen. Zwei Stellschrauben haben Sie zur Verfügung. Erstens können Sie die paar Kalorien einfach sparen, indem Sie beim Nahrungsmittelkauf genauer auf die Packungen schauen. Normale Spaghetti liefern zum Beispiel wesentlich mehr kcal als Vollkornnudeln. Oder Sie ersetzen ganz einfach Nudeln durch Kartoffeln, die haben auch weniger kcal, als dieselbe Menge Nudeln. Befassen Sie sich einfach ein bisschen gründlicher mit Ihrer Nahrung. Das macht Spaß!

Genießen Sie Ihre Kraft!

Die zweite Möglichkeit, die Sie haben, ist noch einfacher. Verbrennen Sie doch einfach ein paar kcal mehr am Tag. Das geht wirklich ganz problemlos. Nehmen Sie die Treppe, statt mit dem Aufzug zu fahren, steigen Sie eine Station früher aus, wenn Sie mit öffentlichen Verkehrsmitteln zur Arbeit gelangen. Oder Sie parken Ihren Wagen einfach ungünstig. Auch Sport könnte Spaß machen.

ENTSCHEIDEN SIE JETZT!

Nun ist es an der Zeit, Bilanz zu ziehen. Betrachten Sie die Sache noch einmal völlig nüchtern, ohne Vorurteile. Sie verfügen jetzt über alle wichtigen und nützlichen Informationen über das Rauchen und können aufgrund von Tatsachen eine Entscheidung treffen, an der Sie niemals zu zweifeln brauchen. Ziehen Sie ganz entspannt Bilanz:

Vor- und Nachteile des Rauchens

R A U C H E N	
Vorteile	**Nachteile**

Was waren die Vorteile des Rauchens? Etwa der Geschmack? Die Entspannung, die Sie zu haben glaubten? Die vermeintliche Hilfe bei Langeweile? Waren Sie als Raucher cool, stark und selbstbestimmt? Hatten Sie dadurch mehr Sex-Appeal? Gab es Ihnen Ruhe, Pausen, Geld und Erfolg? Darüber lachen Sie jetzt!

Nichts davon stimmte! Alles war Illusion, Selbstbetrug und Marketinglüge! Rauchen hat *nur Nachteile*: Das Geld ist weg, Zeit ist weg, die Gesundheit, die Selbstachtung. Wir keuchen, stinken und schämen uns deswegen. Zur Belohnung haben wir das Risiko, wirklich schwer zu erkranken, und wir sind süchtig!

Rauchen bedeutet von der ersten Zigarette an körperlichen wie geistigen Verfall !

Demgegenüber stehen die Vor- und Nachteile des Nichtrauchens:

Nachteile und Vorteile des Nichtrauchens

NICHTRAUCHEN	
Nachteile	**Vorteile**

Ist es ein Nachteil, wenn Sie das unangenehme Gefühl des Entzugs bald für alle Zeit hinter sich haben? Ist es ein Nachteil, wenn Sie ein paar Gewohnheiten wie den Weg zum Automaten in Zukunft abstellen? Werden Sie damit Probleme haben? Keineswegs! Und wird Ihnen etwas fehlen? *Nichts* wird Ihnen fehlen! Soviel zu den Nachteilen.

Welche Vorteile hat nun das Nichtrauchen? An erster Stelle ist die persönliche Freiheit, die Luft und die Kraft, die Sie ab sofort genießen. Sie werden natürlich auch mehr Geld in der Tasche haben, mehr Zeit haben und einen inneren Frieden, den Sie lange vermissen mussten. Sie werden stolz sein auf Ihren Erfolg, sie werden die Vitalität spüren, auf die Sie verzichtet haben, die Lebensfreude, das gute Gewissen, kein Vermögen mehr zu verschwenden, Kindern kein schlechtes Vorbild mehr zu sein.

Nichtrauchen hat *nicht einen* Nachteil, weil Nichtrauchern nichts fehlt! Wir haben Ihnen am Anfang des Buches ein Stück vom Paradies versprochen. Fühlt es sich nicht paradiesisch an, frei zu sein?

Lassen Sie die Sucht los, dann lässt sie Sie los !

Entscheiden Sie!

Sie verfügen nun über alle Informationen, die Sie für eine der wichtigsten Entscheidungen Ihres Lebens brauchen. Sie können entscheiden aufgrund von Fakten und brauchen sich nicht auf irgendwelche *alternativen Fakten* zu stützen. Sie können die Entscheidung *sicher* treffen und brauchen sie niemals in Zweifel zu ziehen. Sie wissen genau, dass die Entscheidung *gegen Nikotin* auf jeden Fall *richtig* ist!

Sind Sie *jetzt* bereit für ein Leben *ohne Zigaretten*? Dann entscheiden Sie und ziehen Sie es durch! Sie wissen, was auf Sie zukommt (zum Beispiel die anderen Raucher) und Sie wissen, worauf Sie sich freuen dürfen: ein Leben in Freiheit, *ohne* auf irgend etwas zu verzichten!

Treffen Sie die Entscheidung! Machen Sie den Schnitt!

Die allerletzte Zigarette

Nachdem Sie die Entscheidung getroffen haben, *nie mehr* zu rauchen oder in irgendeiner anderen Form Nikotin zu konsumieren, fehlt noch ein Schritt, damit Sie es für alle Zeiten mit dem Rauchen abgeschlossen haben: die letzte Dosis Gift!

Rauchen Sie Ihre allerletzte Zigarette nicht irgendwie. Rauchen Sie bewusst! Machen Sie sich noch einmal klar, dass es *nie* einen Grund gab zu rauchen. Es war immer nur die Suchtbefriedigung. Sie haben Ihre Sucht befriedigt, niemals sich selbst! Fühlen Sie bei jedem Zug noch einmal hin, wie sich die Säuren den Weg in die Lunge ätzen; riechen Sie, wie der Gestank die Luft verpestet.

Wehmut ist hier fehl am Platze! Sie nehmen Abschied von Ihrem schlimmsten Feind, nicht von einem Freund! Nehmen Sie die Liste mit den Giften im Zigarettenrauch zur Hand, die wir oben beschrieben haben und sprechen Sie bei jedem Zug einen Namen des Drecks laut aus. Das meinen wir, wenn wir sagen, Sie sollen die Allerletzte „bewusst" rauchen.

Viele Raucher vergessen ihre letzte Zigarette nie. Begehen Sie diesen Moment würdig, am besten alleine. Es wird einer der freudigsten Ihres Lebens sein. Für uns war er gleichbedeutend mit einschneidenden Ereignissen wie zum Beispiel dem ersten Kuss, oder wenn ein eigenes Kind zur Welt kommt, etwas in dieser Art.

Das letzte Mal Nikotin einnehmen

Sind Sie Shisha-, Zigarren- oder Pfeifenraucher, gilt dasselbe. Ziehen Sie sich eine letzte Dosis hinein, bevor Sie endgültig „Adieu" sagen! Ebenso, wenn Sie dampfen. Wichtig ist nur, dass Sie bei dieser Dosis wirklich mitdenken, sich das Gift vorstellen, wie es Sie früher fertig gemacht hat, als Sie noch nichts Brauchbares über Nikotin, das Rauchen und die Sucht wussten.

Wenn Sie dieses letzte Mal konsumieren, dann sitzen Sie am längeren Hebel! Sie haben es durchschaut und lassen sich nicht mehr über den Tisch ziehen!

RESET

Die allerletzte Kippe können Sie sich vorstellen wie ein Reset am Computer. Wenn Sie den Reset-Knopf drücken, dann steht alles wieder auf Anfang. Sie haben jetzt noch einmal die Chance, neu anzufangen.

Feiern Sie!

Angesichts der Tragweite Ihrer Entscheidung wäre eine kleine Feier durchaus angemessen. Lassen Sie ruhig einen Korken knallen!

Gratulation

Herzlichen Glückwunsch von uns! Sie dürfen stolz auf sich sein! Sie haben gerade das vollzogen, wovon alle Raucher träumen. Sie haben Ihre letzte Zigarette geraucht!

Ab JETZT sind Sie Nichtraucher!

Sie sind ab dem Zeitpunkt Nichtraucher, ab dem Sie sagen, Sie sind Nichtraucher! Verwenden Sie bitte auch diesen Begriff und nicht zum Beispiel „Ex-Raucher". Nichtraucher klingt klarer.

Freuen Sie sich über jede einzelne Zigarette, die Sie *nicht* rauchen! Für viele ehemalige Raucher bedeutet das, sie freuen sich den ganzen Tag – einfach so.

Passen Sie ein bisschen auf das Hungergefühl auf, damit sie es nicht mit der Gier nach Nikotin verwechseln, und bleiben Sie entspannt! Sie *dürfen* das Rauchen aufhören, Sie *müssen* es *nicht* weitermachen! Es besteht kein Anlass, sich unter Druck zu setzen.

Freuen Sie sich ab der Sekunde, in der Sie die letzte Kippe ausgemacht haben daran, dass ab diesem Moment Ihr Körper das Gift schon wieder abbaut. In Zukunft werden Sie ihn damit nicht mehr quälen und deshalb steht Ihnen eine tolle Zeit bevor!

Räumen Sie auf!

Räumen Sie zu Hause auf! Werfen Sie *alles* weg, was mit Zigaretten zu tun hatte: die Aschenbecher, Feuerzeuge und natürlich auch Zigaretten oder sonstige Nikotinspender, falls Sie noch welche haben. In den Müll mit dem Zeug!

Verschenken Sie Ihre Restbestände an Zigaretten keinesfalls! Schmeißen Sie das Zeug einfach weg, und wenn es eine ganze Stange ist! Es ist Gift. Sie wollen doch niemandem Gift schenken, schon gar nicht einem Freund. Zigaretten sind nichts weiter als ein billigst hergestellter und astronomisch teuer verkaufter Giftcocktail. Das Zeug ist keinen Pfifferling wert. Also in die Tonne damit. Falls Sie wirklich wieder anfangen, dann geben Sie sowieso das tausendfache aus. Da kommt es auf ein paar Euro hin oder her auch nicht an.

Tipps für die ersten paar Tage

Für die ersten paar Tage nach der letzten Kippe möchten wir Ihnen noch ein paar Tipps mit auf den Weg geben. Sie können auch etwas anderes machen.

Gehen Sie spazieren, erklären Sie Ihre Wohnung zur rauchfreien Zone, machen Sie Brettspiele mit den Kindern. Überall, wo Rauchutensilien waren, können Sie zum Beispiel ein Blümchen hinstellen. Bei manchen Leuten sieht es dann aus wie im Blumenladen. Falls ein Freund Sie wegen der vielen Blumen fragt, ob jemand gestorben ist, können Sie ihm sagen, YACK ist tot!

Nachdem Sie nun allen Grund haben, sich zu belohnen und auch die Mittel dazu, könnte es eine gute Idee sein, wenn Sie sich Ihre Belohnungen gut überlegen. Sonst denken Sie vielleicht, dass Ihnen das überschüssige Geld einfach durch die Finger rinnt. Wir haben Rückmeldungen bekommen, dass sich eine gewisse Planung bewährt hat. Damit Sie auf gute Ideen kommen, schlagen wir noch eine weitere Liste vor. Schreiben Sie alles da hinein, womit man sich eine gute Zeit machen könnte. Vielleicht bekommen Sie auf die eine oder andere Sache erst Lust, wenn Sie ein wenig darüber nachdenken.

Ihre FUMITO-Liste 4: Belohnungen für jeden Tag

Machen Sie sich selbst eine kleine Freude.
Jeden Tag!
Und am Wochenende eine größere!
Und jeden Monat eine ganz große!

Hier sind ein paar Ideen für Ihre Liste 4:

einen Krimi lesen / ins Kino gehen / ins Eiscafé gehen / einen Tanzkurs machen / Tennis-Stunden nehmen / ein Museum für moderne Kunst besuchen / nach Berlin fahren / Brot backen / in die Sauna gehen / ins Freibad gehen / ein Fahrrad kaufen / neue Turnschuhe kaufen / ein Kochbuch lesen / ein leichtes Kreuzworträtsel lösen / ein schweres Kreuzworträtsel lösen / einen Waldspaziergang machen / eine Zeitschrift lesen / etwas im Restaurant bestellen, das Sie noch nie bestellt haben / den Lebenspartner küssen / ein Sudoku lösen / eine Massage buchen / Kuchen backen / eine Reise nach Neuseeland planen / Gesangsstunden nehmen / Blumen kaufen / ein paar tolle Pralinen kaufen / außergewöhnliche Tomaten kaufen / Frühstück außer Haus machen / rasieren lassen beim Frisör / nehmen Sie eine Kopfmassage / gar nichts machen / ein Bild malen / werden Sie TrainerIn im Jugendfußball / besuchen Sie einen Freund, den Sie lange nicht getroffen haben / gehen Sie Sonnenbaden / gehen Sie Schwimmen / lesen Sie einen Liebesroman in der

Hardcover-Ausgabe / kaufen Sie ein gutes Parfum / machen Sie ein Picknick / gehen Sie in den Park und schließen Sie sich der Fußballgruppe an / lernen Sie eine neue Sprache / besuchen Sie den nächstliegenden Botanischen Garten / wann waren Sie das letzte Mal im Zoo? / kaufen Sie ein neues Brettspiel machen Sie einen Spieleabend mit der Familie / in die Oper gehen / das teuerste Restaurant der Stadt besuchen / besuchen Sie entfernte Verwandte / machen Sie eine Zusatzausbildung / kaufen Sie handgemachte Schuhe / gehen Sie in ein Kloster und schweigen Sie einen Tag / fahren Sie ans Meer oder an den nächsten großen See / trommeln Sie / machen Sie einen Boogie-Woogie-Kurs / kaufen Sie einen schönen Füller und schreiben Sie einen Brief an einen Freund …

Liste 4: Belohnungen für jeden Tag

Letzte Tipps

Routinearbeiten

Ihr Auto fahren Sie regelmäßig zur Inspektion. Tun Sie das bitte auch mit Ihren Gedanken. Es wäre mehr als schade, wenn Sie wegen einer Dummheit oder einer Vergesslichkeit wieder rauchen würden. Also frischen Sie Ihre Erkenntnisse, die Sie jetzt haben, aber in fünf Monaten vielleicht nicht mehr in dieser Klarheit, regelmäßig auf. **Das geht ganz einfach, indem Sie die Listen weiterführen.**

Während Sie das Buch gelesen haben, hatten Sie viele Momente, in welchen Sie blitzartig zu neuen Erkenntnissen gelangt sind. In solchen Sekunden ändert sich ein ganzes Weltbild. Doch unterschätzen Sie bitte nie die Macht der Werbebotschaften, besonders die der getarnten durch rauchende Schauspieler im Fernsehen zum Beispiel. Führen Sie die Listen eine Zeit lang weiter, dann passiert auch nichts. Sie merken schon, wenn Sie es nicht mehr brauchen.

Wie Sie Rauchern helfen können, die Ihnen nahe stehen

Mit der Zeit werden sich Ihr rauchender Partner oder andere sehr nahestehende Raucher mit Ihrer neuen Lebensweise abfinden. Sie werden ihren YACK Ihnen gegenüber in den Griff bekommen und es irgendwann normal finden, dass Sie nicht mehr rauchen.

Anders ist es auf Ihrer Seite. Je länger Sie Nichtraucher sind, desto weniger werden Sie ertragen, dass geliebte Menschen und enge

Freunde sich sinnlos zugrunde richten. Wenn Sie jemanden wirklich gerne haben, können Sie das nicht mit ansehen. Der Wunsch wird wachsen, diese Menschen zu einem – abermaligen – ernsthaften Anlauf mit dem Rauchenaufhören zu bewegen. Sobald Sie das Rauchen jedoch konkret ansprechen, haben Sie in der Regel einen Zuhörer weniger.

Wir schlagen deshalb folgende Vorgehensweise vor:
- Zeit verstreichen lassen, dann ein
- einmaliges Gespräch anstoßen und führen, und es dann
- gut sein lassen.

Machen Sie sich zunächst klar, dass Sie allein wegen Ihrer Nichtrauchereigenschaft zunächst eine Irritation darstellen, und geben Sie den Leuten in Ihrem Umkreis ein paar Monate Zeit, sich mit Ihrer neuen Eigenschaft anzufreunden.

Wenn Sie die Zeit für gekommen halten, dann führen Sie ein Gespräch mit diesem Aufbau:
- Teilen Sie Ihrem Partner Ihre **Beobachtungen** mit. Sagen Sie ihm, dass Sie sowohl die äußeren Zeichen (Husten, gelbe Finger, Kurzatmigkeit usw.), als auch seine Unzufriedenheit mit dem Rauchen sehen.
- Sagen Sie ihm dann, welche **Gefühle** das in Ihnen weckt. Vermutlich die Angst, ihn zu verlieren, auch Ärger darüber, dass er sich um Ihre Angst nicht zu scheren scheint, unter Umständen auch der Ärger, dass eine Menge Geld durch den Schornstein geht. Vergessen Sie nicht die Trauer oder Enttäuschung darüber, dass Sie nicht den Partner haben,

den Sie haben könnten – Nichtraucher haben nicht nur beim Treppensteigen mehr Luft!

➔ Anschließend gehen Sie auf **Ihre Bedürfnisse** ein, die durch sein Rauchen unerfüllt bleiben oder in Gefahr sind. Dazu zählt in erster Linie Ihr Bedürfnis nach Bindung und Liebe. Wenn Ihr Lebenspartner raucht, können Sie ihm sagen, dass Sie nicht *aufgrund des Rauchens* eines Tages alleine sein wollen. Ihr Bedürfnis nach einer lebendigen Partnerschaft würde ohne Rauchen zweifellos besser erfüllt sein. Nicht zuletzt spielen auch wirtschaftliche Aspekte in Partnerschaften eine Rolle.

➔ Abschließend formulieren Sie **Ihre Bitte**, dass er sich mit dem Rauchen beschäftigen soll, *bis er es versteht* und aus dieser Position heraus eine Entscheidung treffen kann, ob er weiter rauchen will oder nicht. Falls er sagt, er wisse alles über das Rauchen, es sei dumm, aber es gehöre eben zu ihm, dann bitten Sie ihn, dieses Buch zu lesen. Bitten Sie ihn *nicht* darum, dass er Ihnen zuliebe aufhört! Im Extremfall könnte das bedeuten, er entscheidet sich für die Zigarette und gegen die Partnerschaft! Bitten Sie ihn deshalb nur, sich mit dem Rauchen *gründlich zu beschäftigen*. **Verbinden Sie die Bitte mit einem Angebot.** Sie könnten zum Beispiel, während er sich mit dem Rauchen wirklich auseinandersetzt, die eine oder andere Haushaltspflicht übernehmen, oder ihn an anderer Stelle entlasten.

Nachdem Sie das losgeworden sind, schneiden Sie das Thema nicht wieder an. Wenn Ihr Partner damit anfängt, ist es etwas anderes. Unsere Empfehlung ist, es ruhen zu lassen – endgültig. Dann wird Ihre Ansprache mit höherer Wahrscheinlichkeit irgendwann Wirkung erzielen. Wenn Sie deutlich machen, dass für Sie das Thema beendet ist, wird der verbissenste Raucher zumindest kurz aufhorchen. Das bedeutet nicht, dass er dann sofort reagieren wird. Das kann dauern, es kann aber auch nie passieren. Doch Sie haben getan, was in Ihrer Macht stand! Damit können Sie diese Schublade in Ihrem Inneren schließen und sind auch ein Stück weniger belastet. Um die Endgültigkeit zu unterstreichen, können Sie Ihren Partner noch fragen, wie er es Ihnen aus dem Grab heraus erklären würde, wenn er nichts unternommen hätte und letztlich an einer typischen Raucherkrankheit gestorben wäre. Oder wie er es seinen Kindern erklären würde.

Eine Warnung noch

Wenn Sie Ihren „Reset" hinter sich haben, dann sind Sie Nichtraucher. Ein für alle Mal! Denken Sie niemals: eine kann ja nicht schaden. Sie tut es, denn es gibt nicht *eine*, sondern nur eine *erste* von vielleicht Hunderttausend! In dem Moment, an dem Sie sie rauchen, zünden Sie quasi einige zigtausend Euro an! Sie würden nicht ab und zu mal eine rauchen, sondern mehr oder weniger nahtlos da anknüpfen, wo Sie aufgehört haben. Der Lernprozess von einer Zigarette in der Woche bis eine Schachtel oder mehr am Tag ginge schnell wie ein Blitz. Also bitte hüten Sie sich vor diesem Fehler!

Um das Problem zu verdeutlichen, möchten wir Ihnen eine Geschichte aus der Serie „Columbo" erzählen. Die Folge heißt „Columbo geht zur Guillotine". Auf die näheren Umstände des Mordes gehen wir lieber nicht ein. Sie sind sehr unappetitlich. Dabei geht es um einen Zaubertrick, der folgendermaßen funktioniert: Der Magier lässt sich unter den Augen des vor Schock starren Publikums ein Fallbeil durch den Hals laufen und steht anschließend auf, als sei nichts gewesen. Damit die Zuschauer glauben, das Fallbeil sei echt und würde tatsächlich jemanden umbringen können, teilt der Magier zunächst einen Kohlkopf in der Guillotine in zwei Teile. Anschließend legt er sich selbst unter das Fallbeil mit dem überraschenden Ergebnis, dass ihm die Klinge nichts anhaben kann. Columbo ergründet den Trick und findet heraus, dass es ein Teil in der Guillotine gibt, das entweder richtig oder falsch herum eingesetzt werden muss, damit der Apparat entweder köpft oder eben nicht. Wenn man hier als Magier einen Fehler macht, war es der letzte. Einen solchen Fehler kann auch ein Nichtraucher machen, der einmal Raucher war: Er zündet sich wieder eine Zigarette an! Und zack, ist er wieder fällig!

Halten Sie den Vergleich für allzu drastisch? Das ist er keineswegs. Dass ehemalige Raucher in einem Moment des Übermuts daran denken, eine Zigarette zu rauchen kommt vor, aber noch stärker scheint der Drang sein zu können, wenn eine Katastrophe passiert. Stellen Sie sich vor, Sie hätten einen Unfall mit Ihrem nagelneuen Auto, oder Ihr Kind bricht die Ausbildung ab. Was würde sich aber ändern, wenn Sie jetzt rauchen? *Nichts*! Also sparen Sie sich´s!

+++ Erfahrungsbericht +++

Christine, kaufmännische Angestellte:

Jetzt ist es fast vier Jahre her, dass ich das Seminar besucht habe. Seitdem rauche ich nicht mehr und habe ganz einfach ein viel besseres Lebensgefühl. Nach dem Seminar habe ich ein wenig Gewicht zugelegt, aber das ist absolut im Rahmen. Wir sind wirklich gut darauf vorbereitet worden, dass sich am Stoffwechsel etwas ändert, also habe ich mich entsprechend eingestellt. Und trotz der paar Kilo finde ich, dass ich gesünder aussehe, als zu Raucherzeiten.

Schlusswort: Rauchen WAR nur ein Irrtum

Nun wissen Sie, warum Rauchen nichts anderes ist als ein Irrtum und Sie wissen auch wie er zustande kommt. Die Tabakwirtschaft manipuliert ihre Opfer solange, bis diese sich selbst angebliche Vorteile des Rauchens einreden. Das beginnt schon, bevor sie überhaupt das Rauchen anfangen durch geschickte Produktplatzierung im Fernsehen und im Kino. Die unablässig wiederholten Botschaften, Rauchen entspanne, Rauchen helfe beim Denken und so weiter, sind nichts anderes als gedanklich falsche Verknüpfungen von Dingen, die nichts miteinander zu tun haben. Das Nikotin in Zigaretten macht die Illusion perfekt, indem es von der Belästigung erleichtert, die es selbst hervorgerufen hat. Dass die Raucher von der Nikotin-Kettenreaktion kein Bewusstsein haben, ist der Irrtum beim Rauchen.

In einem Satz lautet die Pointe: *Rauchen hilft nur Rauchern gegen das Rauchen.* Es ist daher vollkommen sinnlos. Raucher geben alles – ihr Geld, ihre Gesundheit, ihr Leben, ihre Freiheit – und bekommen dafür eine Illusion. Nikotin verursacht die Täuschung in Verbindung mit den Lügen der Tabakwirtschaft. Seien Sie froh, dass Sie aus dieser Nummer heraus sind! Es ist jetzt an Ihnen, ob Sie dem Treiben dieser Halunken künftig tatenlos zusehen, oder ob Sie dem Wahnsinn entgegentreten, zum Beispiel indem Sie uns auf die eine oder andere Weise unterstützen. Vorschläge dazu finden Sie im Anhang.

Alles Gute wünschen

Özgen, Peter

und SGIB

VIEL SPAß UND ALLES GUTE !

Anhänge

Literaturtipps

Adams, Michael (Hrsg.);
Das Geschäft mit dem Tod; 2001 Verlag, 2007.

Buckley, Christopher;
Danke, dass Sie hier rauchen; Frankfurt, 1998.

Bußjäger, Peter; Senol, Özgen;
Nichtraucherschutz leicht umgesetzt und profitabel;
Feucht / Augsburg, 2014
Nichtrauchen macht nicht dick!; Feucht / Augsburg, 2015

Schmitt-Kilian, Jörg; Niedrig, Andreas;
Vom Junkie zum Ironman; München 2007.

In eigener Sache

Unsere Website

Besuchen Sie uns auch auf unserer Website www.fumito.de .

Kooperationen:

Wir freuen uns über jede Kooperation. Wenn Sie in Ihrem Umfeld ein Seminar organisieren wollen, dann nehmen Sie einfach Kontakt mit uns auf.

Rückmeldungen:

FUMITO entwickelt sich weiter! Die besten Anregungen sind die Rückmeldungen unserer Seminarteilnehmer und Leser. Deshalb wünschen wir uns auch *Ihre* Rückmeldung. Bitte schreiben Sie uns. Ein kleiner Brief mit folgendem Inhalt wäre hilfreich:

Liebes FUMITO-Team,
mit dem Rauchen habe ich begonnen, als ich _____ Jahre alt war. _____ Jahre habe ich geraucht, am Ende waren es _____ Stück am Tag.
Mein(e) Lebenspartner(in) raucht/rauchte nicht/auch.
Der Anlass, dass ich mich ernsthaft mit dem Rauchenaufhören beschäftige, war _____ … .
Mein Vorschlag für FUMITO ist _____… .

Grüße
Per E-Mail an info@fumito.de , oder per Post an: SANITA Betriebs GmbH, PF 11 18 08, 86043 Augsburg.

Unterstützen Sie uns

Helfen Sie, dem Wahnsinn ein Ende zu bereiten! Fördern Sie Tabakprävention an Schulen. Wie Sie das am besten machen können, erfahren Sie auf unserer Website

www.bzgea.de .

Wie Sie erkennen werden, sind wir keine Befürworter der staatlichen Tabakprävention. Wir vertreten den Standpunkt, dass dort vieles besser gemacht werden könnte.

Rechtliche Hinweise

Copyright

Das Werk, einschließlich aller seiner Teile ist in vollem Umfang urheberrechtlich geschützt. Jede Verwertung ist ohne Zustimmung unzulässig. Das gilt insbesondere für Vervielfältigungen, Übersetzungen, Mikroverfilmungen und die Einspeicherung und Verarbeitung in elektronischen Systemen.

Abmahnung

Danke, **NEIN**! Im Sinne der Schadenminimierungspflicht und der Vermeidung unnötiger Rechtsstreitigkeiten bitten wir darum, uns **im Vorfeld** zu kontaktieren, wenn es um wettbewerbsrechtliche Probleme geht, ebenso bei evtl. Verletzungen von Rechten Dritter oder gesetzlicher Bestimmungen. Die Kosten einer evtl. anwaltlichen Abmahnung **ohne** vorhergehende Kontaktaufnahme mit uns werden mit Hinweis auf die Schadenminimierungspflicht als unbegründet abgewiesen! Auf berechtigte Forderungen werden wir eingehen, **ohne** dass es einer Aufforderung durch einen Rechtsanwalt bedarf.

Haftungsausschluss

Die Leserin, der Leser ist für ihr Handeln ausschließlich selbst verantwortlich. Die Inhalte des Buches wurden von den Autoren nach bestem Wissen und Gewissen erstellt und mit größtmöglicher Sorgfalt erarbeitet. Jedoch können Fehler nicht gänzlich ausgeschlossen werden. Die Autoren übernehmen keinerlei Haftung für Schäden irgendwelcher Art, die direkt oder indirekt aus der Anwendung und/oder Verwendung der Inhalte aus diesem Buch entstehen. Die dargestellten Vorgehensweisen, Empfehlungen und Hinweise und die damit verbundenen Ergebnisse sind individuelle Einzelergebnisse. Es kann aus dem Inhalt nicht abgeleitet werden, dass jede/r Leser/in genau dieselben Ergebnisse erzielen wird. Dies ist von vielen Faktoren abhängig, auf welche die Autoren keinen Einfluss haben. Deshalb sind die erzielten Ergebnisse individueller Natur und können nicht garantiert oder in Aussicht gestellt werden. Das Lesen des Buches allein wird mit Sicherheit keine Ergebnisse bringen. Die Autoren können für eventuelle Nachteile, Schäden, in welcher Hinsicht auch immer, die sich aus der Anwendung durch das Buch ergeben, keine Haftung übernehmen. Haftungsansprüche in welcher Art, Höhe und Form auch immer sind deshalb vollumfänglich ausgeschlossen. Die hier dargestellten Methoden, Ratschläge, Hinweise und Empfehlungen stellen keine medizinische Behandlung dar. Die Autoren übernehmen keine Gewähr für die Richtigkeit, Vollständigkeit und Aktualität der enthaltenen Informationen und Inhalte. Jegliche Haftung ist somit ausgeschlossen.

Wichtige Hinweise

Sollten Inhalte als kränkend oder beleidigend gegenüber Personen oder Institutionen erscheinen, so ist dies in keiner Weise gewollt und geschieht völlig unabsichtlich. Jede Bezugnahme auf Personen oder Unternehmen in diesem Buch geschieht aus Verständnis- oder Informationsgründen und ist darüber hinaus rein zufällig.

Hinweis zum Lesekomfort beim E-Book

Leerzeilen und Umbrüche entstehen unter Umständen aufgrund der unterschiedlich genutzten Geräte wie Tablett-PC, Smartphone, Minitablett. Kindle, iPad usw. Darauf haben die Autoren keinen Einfluss.

Über die Autoren

Peter Bußjäger

Peter Bußjäger war 18 Jahre Raucher. Seine letzte Zigarette erlebte er nicht als wehmütigen Abschied von einem Freund, sondern als Befreiung aus einem Gefängnis. Das Buch entstand in Zusammenarbeit mit Özgen Senol, mit dem er seit vielen Jahren das Nichtraucherseminar **"FUMITO - Aus mit Rauch!"** betreibt.

Özgen Senol

Özgen Senol ist einer der erfahrensten Nichtrauchertrainer im deutschsprachigen Raum. Er hat hunderte Seminare gehalten und begeistert seine Zuhörer mit einem humorvollen und spannungsreichen Vortrag. Wie sein Co-Autor Peter Bußjäger war auch er viele Jahre Raucher. **"FUMITO - Aus mit Rauch!"** verdankt seinen Erfolg zu großen Teilen seinem Wissen als Psychologe und seinem didaktischen Geschick.